Neue Dinge aus alten Stoffen

Herausgegeben von **smarticular.net**

Das Ideenportal für ein einfaches und nachhaltiges Leben

Neue Dinge aus alten Stoffen

Über 100 alltagstaugliche Upcycling-Ideen
für Anfänger und Fortgeschrittene

Herausgegeben von **smarticular.net**
Das Ideenportal für ein einfaches und nachhaltiges Leben

Herausgeber: smarticular Verlag
ISBN: 978-3-946658-55-9
ISBN E-Book mobi: 978-3-946658-56-6
ISBN E-Book epub: 978-3-946658-57-3
smarticular Verlag ist ein Imprint der Business Hub Berlin UG (haftungsbeschränkt)

2103

RECYCLED
Papier aus Recyclingmaterial
FSC® C009315

Unserer Umwelt zuliebe wurde dieses Buch auf umweltfreundlichem Recyclingpapier gedruckt, ausgezeichnet mit dem FSC®-Zertifikat für Papier aus Recyclingmaterial, dem Blauen Engel (RAL-UZ 14/19487) und dem EU-Ecolabel.

Gedruckt in Deutschland von DRUCKZONE GmbH & Co. KG, Cottbus

Haftungsausschluss

Alle Rezepte und Tipps in diesem Buch wurden nach bestem Wissen erstellt. Für die Richtigkeit und Vollständigkeit der Rezepte, Anleitungen und Tipps kann jedoch keine Haftung übernommen werden. Des Weiteren wird keine Haftung übernommen für fehlerhafte Zubereitung und Anwendung, auch nicht für Gesundheitsschäden durch unsachgemäße Handhabung. Die Anwendungen und Rezepte in diesem Buch bieten keinen Ersatz für eine therapeutische oder medizinische Behandlung. Im Zweifelsfall sollte ein Arzt zu Rate gezogen werden.

Bildverzeichnis

Alle Fotos smarticular.net außer: Africa Studio 26, 121 / ElRoi 18 / Evgeniy Belyaev U4 / Grandpa 40 / gresei U1 Maßband / MADDRAT 16 / Marina Onokhina 67 r / Marius GODOI 68 l / Noel Powell 9, 68 r / NYS 15 / OnlyZoia 60 /Sergei Denisov U1 T-Shirt / Susanne Karlsson 17 / Taxiro U2 / true nature 13, 20 / UfaBizPhoto 14, 193 / Vladitto U1 Hintergrund / Yavdat 122 u

Inhalt

T-Shirt

Einkaufsbeutel – S. 186
Lavendeldruck – S. 34
Motivkissen – S. 118
Softies – S. 72
T-Shirt-Garn – S. 21
Schlauchschal – S. 124
Körbchen – S. 61

Hemd

Teebeutel – S. 144
Wachstuch – S. 156
Kinderkleid – S. 116
Kaffeefilter – S. 142
Geschenkpapier – S. 160
Monatsbinden – S. 84
Stiftehalter – S. 48

Pullover

Hüttenschuhe – S. 133
Handschuhe – S. 139
Mütze – S. 136
Schnüffelteppich – S. 104
Schalmütze – S. 126
Babyhose – S. 115

Jeans
Buchhülle – S. 42
Geschenkbeutel – S. 166
2D-Kuscheltier
Schnittmuster: 2D-
TaTüTa – S. 74
Lunchbag – S. 176
Tagesdecke – S. 68
Hausschuhe – S. 130

Handtuch

Strandkleid – S. 128

Wärmekissen – S. 50

Kosmetikpads – S. 78

Kulturbeutel – S. 76

Wischbezug für Bodenwischer – S. 109

Allzweck-Küchenlappen – S. 152

Haarturban – S. 70

Einleitung

Kleidung und andere Textilien gehören zu den meistproduzierten Dingen weltweit – aber auch zu denen, die am häufigsten weggeworfen werden, oft kaum benutzt oder sogar komplett ungetragen. Dabei sind gerade Textilien unglaublich vielseitig, wandelbar und sehr oft weiterverwendbar!

Um neue Dinge aus alten Stoffen zu erschaffen, braucht man kein Nähprofi zu sein. Denn mehr als eine Nähmaschine (manche Projekte erfordern noch nicht einmal diese) und etwas Experimentierfreude sind nicht notwendig, um alte Kleidung oder auch Handtücher, Bettwäsche und Ähnliches in viele praktische, nützliche und originelle neue Dinge zu verwandeln.

Auf dem Ideenportal **smarticular.net** haben wir bereits zahlreiche Anleitungen veröffentlicht, mit denen sich kaputte, mit Flecken verzierte oder einfach abgelegte Kleidungsstücke & Co. in etwas Neues verwandeln lassen, statt sie einfach zu entsorgen. Das gelingt Nähanfängern und Fortgeschrittenen gleichermaßen, denn wir haben uns auf einfache, aber bewährte Techniken sowie auf die wichtigsten Grundstiche beschränkt. Alle Projekte lassen sich nach Belieben erweitern und abwandeln, um schöne neue Dinge ganz nach den eigenen Vorstellungen zu nähen und gleichzeitig den einen oder anderen Neukauf überflüssig zu machen.

Upcycling mit Textilien macht Spaß, spart Geld und schont obendrein die Umwelt, wenn sich dadurch gebrauchte Dinge wiederverwenden und Neukäufe vermeiden lassen – probiere es doch einfach mal aus! Unsere liebsten und nützlichsten Anleitungen und Ideen für kreative Näh-Upcycling-Projekte haben wir in diesem Buch zusammengefasst. Wenn du möchtest, zeige uns und den anderen Leserinnen und Lesern gern deine Ergebnisse in unserem Leserforum (🌐 *smarticular.net/forum*). Wir wünschen dir viel Freude mit diesem Buch!

Das Team von smarticular.net

Kleidung wertschätzen – Fair Fashion statt Fast Fashion

Über 110 Millionen Tonnen Textilfasern wurden im Jahr 2018 hergestellt, Tendenz steigend. Rund zwei Drittel davon entfielen auf Kunstfasern, ein Drittel auf Naturfasern, insbesondere Baumwolle. Dabei tragen wir die daraus hergestellte Kleidung für einen immer kürzeren Zeitraum: Von den 95 Kleidungsstücken, die jeder von uns im Durchschnitt besitzt (ohne Unterwäsche und Socken), werden die meisten weniger als viermal getragen, bevor sie entsorgt werden[1].

Besonders deutlich zeigt sich das Problem in Form der sogenannten „Fast Fashion“: Wenn man die Preise bei Textildiscountern betrachtet, scheinen Kleidungsstücke und andere Textilien nicht viel wert zu sein. Solche Billigmode verschleiert den Zusammenhang zwischen der Kleidung und der dafür aufgewendeten Arbeit – oft unterbezahlt, in prekären Verhältnissen und zumeist von Frauen – und den benötigten Ressourcen, allen voran Unmengen von Chemikalien und Wasser.

Denn neben einem enormen Wasserverbrauch – durchschnittlich 2.400 Liter Wasser sind nötig, um ein T-Shirt herzustellen, für eine Jeans sogar 7.000 – 11.000 Liter – sind es vor allem mehrere tausend verschiedene Chemikalien, die verwendet werden, um Fasern zu bleichen und maschinell verarbeitbar zu machen, Stoffe zu färben und fertige Kleidungsstücke zu bedrucken oder auf andere Weise zu veredeln. Der Wasserverbrauch und der Chemikalien-Einsatz im Produktionsprozess sind für die Menschen in der Textilindustrie und die Umwelt höchst problematisch, aber für den Endverbraucher sind sie weitgehend unsichtbar.

Darum lohnt es sich ganz besonders, mehr auf hochwertige, beständige und nachhaltig produzierte Textilien zu achten und die vorhandene, aufwendig produzierte Kleidung wertzuschätzen, indem wir sie so lange wie möglich tragen, tauschen und weitergeben oder auf kreative Weise in neue Kleidung und andere Gebrauchsgegenstände verwandeln.

Brauche ich eine Nähmaschine?

Im Prinzip nein, denn alle Nähanleitungen in diesem Buch gelingen auch, indem per Hand mit Nadel und Faden genäht wird. Für gerade Nähte bietet sich dabei der Steppstich bzw. Rückstich an. Zickzacknähte per Hand sind dagegen recht aufwendig, weshalb sich für elastische Stoffe und zum Versäubern im einfachsten Fall der Überwendlichstich empfiehlt.

Mit einer Nähmaschine zu nähen, ist allerdings wesentlich einfacher und vor allem schneller. Bevor du eine eigene Maschine anschaffst, leihe dir doch vielleicht zunächst eine im Familien- oder Freundeskreis aus. So findest du heraus, ob du mit dem Gerät zurechtkommst und ob dir diese kreative Tätigkeit genügend Freude bereitet und Lust auf mehr macht.

---

1 Greenpeace e. V. (Hrsg.) (2015): Wegwerfware Kleidung Repräsentative Greenpeace-Umfrage zu Kaufverhalten, Tragedauer und der Entsorgung von Mode. Online verfügbar unter *https://www.greenpeace.de/sites/www.greenpeace.de/files/publications/20151123_greenpeace_modekonsum_flyer.pdf* (abgerufen am 02.02.2021).

Techniken und Tipps

> **Tipp:** Falls du keine Nähmaschine besitzt, ist es auch möglich, einfache Dinge mit der Hand zu nähen oder zu reparieren. Es lohnt sich jedoch, eine Maschine auszuleihen, ein Nähcafé zu besuchen oder sich ein eigenes, vielleicht gebrauchtes Gerät anzuschaffen, wenn du in Zukunft häufiger nähen möchtest.

Die wichtigsten Grundlagen

Nähen macht Spaß – vor allem dann, wenn dabei alte Kleidungsstücke und ähnliche Textilien wiederverwendet werden! Selbst genähte Dinge lassen sich außerdem ganz individuell in Form, Größe und Material variieren, sodass persönliche Lieblingsstücke entstehen, die außer dir niemand besitzt.

Damit dies gelingt, haben wir auf den folgenden Seiten alle wichtigen Tipps zusammengestellt, mit denen selbst Nähanfänger ohne viel Vorbereitung sofort loslegen können. Mit ein bisschen Übung gelingen dir sicher auch etwas aufwendigere Projekte, die neben Einsteigerprojekten ebenfalls in diesem Buch enthalten sind.

Die wichtigsten Begriffe

Wer schon einmal etwas genäht hat, kennt sich mit den Begriffen wahrscheinlich aus. Für alle anderen und um Verwirrung vorzubeugen, sind die wichtigsten Wörter hier erklärt.

Rechts*, *die rechte Seite oder ***die schöne Seite***: die Seite des Stoffes, die am Ende von außen am Nähstück zu sehen sein wird. Bei bedrucktem Stoff ist damit beispielsweise die Motivseite gemeint.

Links*, *die linke Seite oder ***die nicht so schöne Seite***: die Seite des Stoffes, die später innen liegen wird. Viele Nähstücke werden auf links zusammengenäht, damit die Nähte und Nahtzugaben später nicht zu sehen sind. Nach der Fertigstellung wird das Nähstück dann auf rechts gedreht/gewendet.

Heften: Stoffstücke vorläufig aneinander fixieren, um sie ohne Verrutschen zusammennähen zu können. Geheftet wird zum Beispiel mit Stecknadeln (Heftnadeln), gelegentlich auch mit einem geraden Heftstich mit langer Stichweite, der später wieder aufgetrennt wird.

Steppen: mit einem Steppstich nähen. Der Steppstich oder Grundstich ist der am häufigsten verwendete Stich der Nähmaschine, der gerade Nähte produziert.

Verriegeln: den Anfang oder das Ende einer Naht durch Vor- und Zurücknähen sichern, sodass diese sich nicht mehr von selbst auftrennen kann (S. 20).

Stoff auswählen

Für Nähanfänger geeignet sind **gewebte, nicht dehnbare Stoffe**. Vor allem am Anfang lässt sich mit alten Geschirrtüchern und ausgedienter Bettwäsche das Nähen üben und beispielsweise eine Kuchentransporttasche (S. 178) oder Taschentücher (S. 72) nähen. Auch dünner Gardinen-, Hemden-, Blusen- oder Hosenstoff lässt sich einfach verarbeiten, zum Beispiel zu praktischen Obst- und Gemüsebeuteln für den Kauf im Supermarkt (S. 192) oder zu einem wiederverwendbaren Geschenkbeutel (S. 166).

Frotteestoff ist zwar ein wenig dicker, aber in Form ausgemusterter Handtücher oft in größeren Mengen zum Üben vorhanden und bestens geeignet für Kosmetikpads (S. 78) oder einen einfachen Kulturbeutel zum Aufhängen (S. 76).

Jeansstoff lässt sich vielfältig verarbeiten, zum Beispiel zu einer einfachen Taschentüchertasche (S. 74) oder zu einer Buchhülle (S. 42). Tipps zur Verarbeitung mehrerer Lagen Jeansstoff findest du im Abschnitt über die Auswahl von Nähmaschinennadeln (S. 17) und im Abschnitt über das Nähen dicker Stellen (S. 19).

T-Shirt-Stoff, sogenannter **Single-Jersey**, sowie der Stoff von Sweatshirts und andere elastische Strickstoffe sind nicht gewebt, sondern gestrickt bzw. in Maschen gewirkt und daher ein wenig schwieriger zu verarbeiten, weil sie dazu neigen, sich zu verziehen oder an den Rändern Wellen zu schlagen. Zudem rollen sich bei Single-Jersey oft die Stoffränder ein.

Deshalb empfiehlt es sich für den Anfang, zunächst kleine Projekte wie die selbst gemachten „Softies" aus alten T-Shirts (S. 72) anzugehen, um das Nähen und Versäubern solcher Textilien zu probieren. Mit etwas Übung steht auch einem selbst gemachten Schlauchschal (S. 124) oder einem Kuschelkissen aus dem Lieblings-T-Shirt (S. 118) nichts mehr im Wege.

Jersey und andere elastische Stoffe nähen

Falls sich die Stoffkanten von Jersey, insbesondere bei T-Shirt-Stoff, stark aufrollen, besprühe sie mit Bügelstärke (am besten selbst gemacht: einen Esslöffel Speisestärke mit einem halben Liter Wasser mischen und in eine Sprühflasche füllen) und bügele sie, dann bleiben sie glatt.

Wird der Stoff vor dem Nähen mit Klammern (zum Beispiel mit Stoffklammern oder mit einfachen Wäscheklammern) fixiert, bleibt er besser in Form, und es entstehen keine Laufmaschen durch spitze Stecknadeln, die das feine Garn beschädigen könnten (siehe dazu auch die Tipps zu Nähmaschinennadeln auf der nächsten Seite).

Elastische Stoffe wie Jersey werden stets mit einer elastischen Naht genäht, damit die Naht später unter Spannung nicht reißt. Dafür ist ein einfacher Zickzackstich (S. 18) oft schon ausreichend.

Es gibt auch spezielle Jersey-Füßchen für die Nähmaschine, Overlock-Stiche sowie Overlock-Nähmaschinen, mit denen sich Ränder flexibler Stoffe besonders einfach in einem einzigen Arbeitsschritt vernähen und versäubern lassen. Auf all diese Techniken verzichten wir jedoch in diesem Buch, da sich vergleichbare Ergebnisse auch mit den Grundstichen der einfachsten Nähmaschine erzielen lassen. Verwende am besten diejenigen Techniken und Geräte, die du zu Hause hast und mit denen du am besten zurecht kommst.

Nähgarn auswählen

In jeder gut sortierten Kurzwarenabteilung sind Nähgarne in verschiedenen Stärken für verschiedene Zwecke zu finden. Weitverbreitet sind Garne aus Polyester oder anderen Kunstfasern, die sehr reißfest

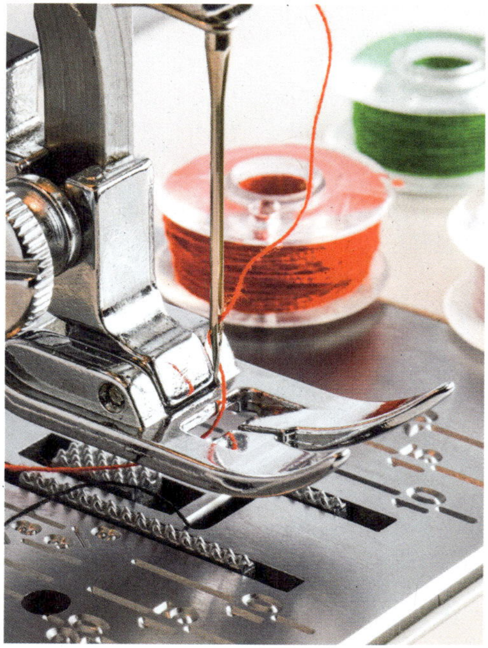

und zudem preiswert sind. Herkömmliches Baumwollgarn ist für die meisten Zwecke jedoch am besten geeignet – zumal es anders als Kunstfasern vollständig biologisch abbaubar ist. Für dickere Stoffe (zum Beispiel für Jeansstoff) bietet es sich an, ein entsprechend dickes, stabiles Garn zu verwenden.

Für die genaue Vorgehensweise zum Einlegen des Ober- und Unterfadens ziehe bitte die Bedienungsanleitung deiner Nähmaschine zurate.

Nähmaschinennadel auswählen

Für unterschiedliche Textilien gibt es verschiedene Nähmaschinennadeln in verschiedenen Stärken. Die meisten Projekte in diesem Buch gelingen problemlos mit Universalnadeln. Aber gerade wenn unterschiedliche Materialien verwendet werden, ist es sinnvoll, spezielle Nadeln zu benutzen, weil damit je nach Faden- und Materialstärke schönere und stabilere Nähte entstehen und die Nähmaschine geschont wird.

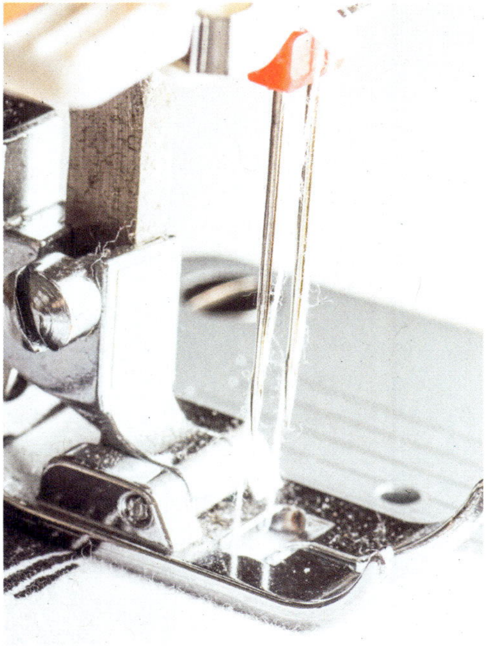

Die wichtigsten Nadeltypen für die Nähmaschine:

- Eine Universalnadel näht feste und flexible, nicht zu dicke Stoffe. Dabei hinterlassen dünnere Nadeln in dünnem Stoff nur kleine Löcher, während dickere Nadeln benötigt werden, um stabilen Stoff zu nähen, ohne die Nadeln zu verbiegen.

- Jerseynadeln haben eine abgerundete Spitze, damit die feinen Maschen beim Nähen nicht verletzt werden, wogegen eine Universalnadel bei Jersey zu Laufmaschen führen könnte.

- Jeansnadeln sind besonders spitz (spitzer als Universalnadeln), damit sie gut durch das feste Material stechen können. Mit einer dickeren Jeansnadel lassen sich auch mehrere Jeanslagen auf einmal problemlos nähen (S. 19).

- Ledernadeln haben eine speziell geformte Spitze, die einem winzigen Messer gleicht und glatt durchs Leder schneidet. Leder lässt sich so einfacher nähen.

- Zwillingsnadeln sind besonders empfehlenswert für professionell anmutende Saumabschlüsse, denn sie produzieren zwei parallele Nähte nebeneinander. Zwillingsnadeln mit dem Zusatz „S“ eignen sich gut für elastische Säume. Um mit einer Zwillingsnadel nähen zu können, brauchst du lediglich die Möglichkeit, eine zweite Garnrolle aufzustecken (bei den meisten Maschinen vorhanden).

Den richtigen Stich auswählen

Für gerade Nähte und für Säume ist der **Grundstich** (auch Steppstich genannt) mit einer Stichlänge von 2–3 mm meist am besten geeignet. Je kürzer der Stich ist, desto fester wird die Naht. Das bedeutet aber auch, dass sich dünner Stoff bei einem zu kurzen Stich zu kräuseln beginnen kann.

Tipp: Probiere am besten an einem kleinen Stoffrest aus, welche Stichlänge und welcher Stich sich für den jeweiligen Stoff eignen. Je nach Material ist es unter Umständen erforderlich, die Unterfadenspannung anzupassen, um eine saubere Naht zu erhalten.

Der **Zickzackstich** eignet sich gut, um Stoffkanten zu versäubern (siehe nächste Seite) und so zu verhindern, dass sie ausfransen. Eine Stichlänge von 2–3 mm sowie eine Stichbreite von 4–5 mm sind dafür empfehlenswert. Auch für Ziernähte ist der Zickzackstich geeignet. Zudem lässt er sich auch für elastische Nähte bei Jersey- und anderem dehnbaren Stoff einsetzen, besonders dann, wenn die Nähmaschine keinen speziellen Elastikstich hat.

Die meisten Nähmaschinen bieten noch eine Reihe weiterer Stiche, die jedoch im Rahmen dieses Buches nicht unbedingt gebraucht werden. Vor allem Overlock-Stiche, mit denen sich Ränder elastischer Stoffe vernähen und gleichzeitig versäubern lassen, erleichtern das Nähen mit Jersey und anderen elastischen Textilien. Zudem gibt es diverse zusätzliche Nähfüße für unterschiedliche Zwecke und Stiche (für Overlock-Nähte, Reißverschlüsse, Rollsäume usw.), die in verschiedenen Situationen die Arbeit erleichtern, aber gerade für Nähanfänger auch schwierig zu handhaben sind, weshalb wir uns in diesem Buch auf den Universalnähfuß und die einfachen Grundstiche beschränken. Wirf am besten einen Blick in die Bedienungsanleitung deiner Nähmaschine, um zu erfahren, wie diese Stiche angewendet werden.

Stoffrand versäubern mit dem Zickzackstich

Damit die Ränder bereits zusammengenähter Stoffstücke nicht ausfransen, ist es sinnvoll, sie zu versäubern. Das funktioniert gut mit dem Zickzackstich, zum Beispiel bei einem Nussmilchbeutel (S. 146) oder bei einem selbst genähten Kaffeefilter (S. 142).

So gehst du vor:

1. Eine Stichlänge wählen, die dem zu versäubernden Stoff entspricht, und eine Stichbreite von 4 oder 5 wählen.

2. Das Nähstück so unter den Nähfuß schieben, dass die Kante mittig darunter liegt. Der linke Stich geht nun durch den Stoff und der rechte Stich geht ins Leere, was bewirkt, dass sich der Faden um die Stoffkante legt, sodass sie nicht mehr ausfransen kann.

Wenn man zunächst langsam näht, bekommt man schnell ein Gefühl für diese Art der Versäuberung. Manche Nähmaschinen bieten auch einen **Overlockstich** an, der gleichzeitig die gerade Naht und rechts daneben den Zickzackstich näht, was viel Zeit spart. Wenn diese Stichart nicht vorhanden ist, bietet der Zickzackstich, neben der separat genähten Naht, eine gute Alternative.

Alternativ lässt sich die Zickzacknaht auch etwa 5 mm weiter innen nähen. Schneide dann den überstehenden Rand mit wenig Abstand zur Naht ab, ohne die Naht zu beschädigen.

Dicke Stellen nähen

Wenn mehrere Stofflagen zusammengenäht oder doppelt gelegte Säume angefertigt werden, stößt die Nähmaschine mitunter an ihre Grenzen – sie näht auf der Stelle, lässt Stiche aus, oder die Nadel bricht ab. Mit einigen Tricks und Hilfsmitteln nimmt die Maschine diese Hürde spielend:

- Verwende eine dickere Universal-, Jeans- oder Ledernadel, die nicht so schnell verbiegt oder abbricht, um robuste bzw. sehr dicke Materialien zu nähen.

- Wenn du einen mehrfach gefalteten Saum herstellen möchtest oder ein weiteres Mal über eine Naht nähen musst, bügle die Stelle mit dem Dampfbügeleisen möglichst flach. Wo zwei Stoffe mit einer Naht verbunden sind, empfiehlt es sich, die Nahtzugaben vor dem Bügeln in entgegengesetzte Richtungen zu legen.

- Häufig kippt am Übergang zur dicken Stelle der Nähfuß stark an, sodass der Stofftransport behindert wird. Damit der Stoff gleichmäßig weitertransportiert wird, hilft es, an der kritischen Stelle einen Höhenausgleich zu schaffen, sodass der Nähfuß möglichst waagerecht aufliegt. Hebe dafür den Fuß an, während die Nadel in der untersten Nähposition im Stoff steckt, und schiebe die sogenannte „Hebamme", die aus Filz oder Pappe selbst ausgeschnitten werden kann, unter den hinteren Teil des Fußes. Senke dann den Nähfuß wieder ab und nähe weiter.

Um die Ecke nähen

Auf „gerader Strecke" eine Naht zu produzieren, fällt mit etwas Übung nicht schwer. Aber auch exakte, rechtwinklige Ecken, zum Beispiel für aufgenähte Hosentaschen, sind einfach zu bewerkstelligen:

1. Bis auf einige Millimeter so weit an die Ecke herannähen, dass die Nadel genau in der Ecke im Stoff steckt. Dafür sehr langsam auf die Stoffkante zunähen und die Nadel bei Bedarf mit dem Handrad herabsenken.

2. Den Nähfuß mit dem Hebel anheben.

3. Den Stoff drehen, sodass der Fuß wieder in Richtung der zu nähenden Naht zeigt.

4. Den Fuß wieder absenken und weiternähen.

Solche sauber genähten Ecken kannst du zum Beispiel gebrauchen, wenn du eine variable Buchhülle aus Stoffresten (S. 44) herstellst.

smarticular.net/naehprojekte-einsteiger
smarticular.net/naehprojekte-fortgeschrittene

Nähte verriegeln

Damit sich Anfang und Ende einer Naht nicht auftrennen, werden sie im einfachsten Fall durch ein „Verriegeln" gesichert. Dafür wird zunächst für eine kurze Strecke vorwärts, dann rückwärts (mit dem Richtungsumkehr-Schalter der Nähmaschine) und anschließend wieder vorwärts genäht. Separates Vernähen der Fadenenden wird damit normalerweise überflüssig. Gleichermaßen lassen sich auch besonders stark belastete Nähte sichern, etwa an den Henkeln von Stoffbeuteln.

Schrägband herstellen

Schrägband besteht aus diagonal gewebtem Stoff und dient dazu, Ränder einzufassen. Es passt sich Rundungen flexibel an, sodass Ausschnitte faltenfrei gesäumt werden können. Solches Band zum Einfassen lässt sich auch selber aus Hemdstoff herstellen.

Schneide dafür einen 3–4 cm breiten Stoffstreifen diagonal zur Webrichtung aus. Die Länge hängt von der Größe des einzufassenden Stoffs ab. Falte und bügele den Stoff der Länge nach in der Mitte, klappe ihn wieder auf und falte und bügele die Kanten jeweils bis knapp zur Bügelfalte. Dann wieder mittig falten und nochmals bügeln.

Schiebe nun die beiden gebügelten Kanten über den Rand des Stoffes, der damit eingefasst werden soll, und stecke sie mit Stecknadeln fest. Jetzt kannst du die Einfassung knapp entlang der inneren Kante festnähen.

Textilgarn aus Jerseystoff

Wenn sich ein altes T-Shirt nicht mehr durch Umnähen, Bedrucken oder Färben aufwerten lässt, taugt es meist immer noch dazu, Textilgarn herzustellen. Textilgarn oder auch T-Shirt-Garn ist für vielfältige Zwecke verwendbar, beispielsweise für ein selbst gehäkeltes Utensilo (S. 61).

Material:

- altes, möglichst großes T-Shirt (am besten funktioniert es mit einem rundgestrickten T-Shirt ohne Seitennaht)

So wird daraus T-Shirt-Garn hergestellt:

1. Das Shirt ausbreiten und den unteren Saum sowie den oberen Teil samt Ärmeln direkt unterhalb der Achseln abschneiden.

2. Den Stoff am besten um 90° drehen. Die untere Hälfte des Stoffschlauchs so auf die obere Hälfte falten, dass der obere Rand noch etwa 3 cm weit herausragt.

3. Den gefalteten Stoff von der unteren Kante aus in etwa 2 cm breite Streifen schneiden. Dabei jeweils gerade so weit schneiden, dass die Kante der oberen Stoffschicht durchtrennt wird, von der unteren Schicht jedoch ein etwa 2 cm breiter zusammenhängender Rand stehen bleibt.

4. Den Stoff auffalten. Den zusammenhängenden Stoffrand, wie auf dem folgenden Bild zu sehen, jeweils schräg von einem Einschnitt auf der einen Seite bis zum danebenliegenden Einschnitt gegenüber durchtrennen, sodass keine Ringe, sondern eine einzige lange Spirale entsteht. Vom ersten und letzten Einschnitt jeweils zur Kante hin schneiden, damit ein Anfang und ein Ende entstehen.

5. Den Stoffstreifen zu einem Knäuel aufwickeln und dabei immer wieder etwas in die Länge ziehen. Dadurch rollen sich die Ränder ein, sodass das T-Shirt-Garn eher rund wird und beim Häkeln und Stricken einfacher zu verarbeiten ist.

Damit ist die Grundlage für dein nächstes Handarbeitsprojekt fertig! Verwende das Textilgarn für praktische und schöne Projekte, zum Beispiel für ein selbst geknüpftes Einkaufsnetz (S. 190) oder ein Aufbewahrungskörbchen (S. 61).

🌐 *smarticular.net/textilgarn*

2.

3.

4.

5.

Pizza- und Konfettitechnik zur Verwertung kleinster Stoffreste

Mit der Pizza- und der Konfettitechnik lassen sich auch solche Stoffreste noch kreativ verwerten, die zu klein sind, um etwas Neues daraus zu nähen. Dazu werden die Reste wie Pizzazutaten oder wie Konfetti auf einen Trägerstoff verteilt, bei sehr kleinen Stoffschnipseln mit einer transparenten Stofflage fixiert und zum Schluss festgenäht.

Der so entstehende Patchworkstoff ist für die unterschiedlichsten weiterführenden Nähprojekte geeignet, zum Beispiel für wiederverwendbares Geschenkpapier (S. 160) oder eine Buchhülle (S. 42).

Für diese Technik eignen sich die verschiedensten Stoffreste, zum Beispiel von alten Jeans und T-Shirts, aber auch von Hemden und ausgedienten Tischdecken. Je unterschiedlicher und bunter die Stoffreste sind, desto vielfältiger und kunstvoller lassen sie sich arrangieren.

Als Trägerstoff dient nicht dehnbarer Stoff; dabei sind Aussehen und Festigkeit unwichtig, weil er vollständig von den Stoffschnipseln abgedeckt wird. Der Stoff darf auch dünne Stellen oder Löcher haben.

Wenn sehr kleine Schnipsel verarbeitet werden, lassen diese sich dekorativ mit transparentem Gewebe wie Tüll, Gaze, Organza, Vlies, Gardinenstoff oder Ähnlichem abdecken.

Mit dieser Anleitung entsteht ein etwa 20 × 30 cm großes Stück neuen Stoffs.

Material:

- etwa 2 Hände voll Stoffreste
- 1 Stoffstück à 20 × 30 cm als Trägerstoff
- 1 transparentes Stoffstück à 20 × 30 cm zur Abdeckung (optional)

So werden Pizza- und Konfettitechnik angewendet:

1. Den Trägerstoff mit der schönen Seite nach unten ausbreiten. Die Stoffreste darauf nach Wunsch gezielt zu Mustern auslegen oder zufällig verstreuen. Bei einem sehr dünnen oder löchrigen Trägerstoff die Stoffreste so verteilen, dass sie sich überall überlappen – es sei denn, dünne Bereiche oder Lücken sind ausdrücklich erwünscht.

2. Die Stoffstücke mit Stecknadeln am Trägerstoff fixieren. Um zu verhindern, dass sehr kleine Stoffreste beim Zusammennähen verrutschen, optional einen transparenten Stoff auf die Stoffschnipsel legen, feststecken und Träger- und Deckschicht zusätzlich entlang der Ränder zusammenzunähen, damit die Schnipsel während des Nähens nicht herausfallen.

3. Mit der Nähmaschine mehrfach über die Stofflagen nähen, bis alle Stücke befestigt sind. Dafür eignen sich gerade, parallele Linien ebenso wie kreuz und quer gesetzte oder auch solche mit Ecken und Kurven. Mit den Nähten lassen sich auf diese Art einzelne Stoffreste betonen oder auch Muster bilden.

Als eine Variation lässt sich der Trägerstoff durch Bügelvlies ersetzen, auf dessen Klebeseite die Stoffreste vor dem Nähen aufgebügelt werden. Das kann die Verarbeitung erleichtern. Eine andere Möglichkeit bietet wasserlösliches Stickvlies, das als Träger- und Abdeckstoff dient und nach dem Vernähen einfach ausgewaschen wird. Wer größere Stoffstücke miteinander verbinden möchte, kann auch Butterbrot- oder Backpapier als Träger- und Deckschicht verwenden, das nach dem Nähen einfach abgerissen wird.

smarticular.net/konfettitechnik

Reparieren und Verschönern

Bei mancher Kleidung, die kaputtgegangen ist, lohnt es sich zu überlegen, ob sie nicht noch repariert werden kann. Gerade bei Kinderkleidung lässt sich beispielsweise die Lieblingsspielhose retten, indem ein Loch dekorativ geflickt und gestopft wird.

Aber auch Erwachsene tragen die liebsten Kleidungsstücke durch kunstvolle Reparaturen länger. Und wenn die Farbe nicht mehr schön ist oder ein Fleck das Lieblingsshirt „verziert", sorgen selbst angefertigte Drucke oder das natürliche Färben mit Pflanzen für ein neues, frisches Aussehen.

Bügelflicken

Am einfachsten und schnellsten lassen sich Löcher mit Flicken und Patches zum Aufbügeln reparieren. In der Gebrauchsanweisung für den Flicken ist dabei nachzulesen, welche Temperatur des Bügeleisens am besten einzustellen ist, damit sich der Patch optimal mit dem Stoff darunter verbindet.

Allerdings lösen sich Bügelflicken beim häufigen Waschen leicht wieder ab. Deswegen empfiehlt es sich, den Flicken nach dem Aufbügeln zusätzlich festzunähen.

Flicken aufnähen

Hübsche Flicken lassen sich einfach aus Stoffresten selbst herstellen. Schneide dafür aus einem stabilen Stoffrest eine Fläche aus, die das Loch großzügig überdeckt. Manche Kinder freuen sich über bunte, figürliche Flicken wie Sterne, Herzen oder Blumen, die sich farblich vom Untergrund abheben.

Befestige den Flicken mit Stecknadeln auf der Außenseite des Stoffs über dem Loch und nähe ihn mit einem Steppstich oder einem Zickzackstich per Hand oder mit der Nähmaschine fest.

Knöpfe annähen

Um einen Knopf anzunähen, fädele das Garn durch die Nähnadel, sodass beide Enden circa 50 cm lang sind und somit doppelt liegen, und verknote die Enden.

So einfach nähst du einen Knopf an:

1. Von unten durch den Stoff und gleichzeitig durch das erste Loch des Knopfes stechen und den Faden bis auf wenige Zentimeter hindurchziehen.

2. Von oben durch das zweite Loch im Knopf und den darunter liegenden Stoff stechen, zusätzlich durch die verbliebene Schlaufe auf der Unterseite stechen, um sie gegen Hindurchrutschen zu sichern, und dann den Faden komplett durchziehen.

3. Weitere fünf bis sechs Stiche auf die gleiche Weise anbringen.

4. Wenn der Knopf vier Löcher hat, verfahre nun mit dem zweiten Paar Löcher genauso.

5. Zum Vernähen mit der Nadel von oben nur durch das Loch im Knopf stechen (nicht durch den Stoff), den Faden zwei- bis dreimal um den Steg (bestehend aus den Fäden, die Knopf und Stoff verbinden) wickeln und dann erst durch den Stoff stechen.

6. Auf der Rückseite den Faden mit zwei bis drei Stichen vernähen und abschneiden.

Tipp: Bei größeren Knöpfen ist es empfehlenswert, einen Zahnstocher oder ein Streichholz zwischen Stoff und Knopf zu legen, um etwas mehr Abstand zu halten. Der dadurch etwas längere Steg steht dann weniger unter Spannung und reißt nicht so leicht.

Gummiband auswechseln

In vielen Kleidungsstücken lässt sich ein ausgedehnter oder zu weiter Gummizug ganz einfach auswechseln. Voraussetzung dafür ist, dass er nicht im Bund festgenäht ist.

So wird das Gummiband ersetzt:

1. An der Rückseite des Kleidungsstückes die senkrechte Verbindungsnaht im Bund auftrennen und das alte Gummiband herausziehen.

2. Mit dem neuen Gummiband Maß nehmen. Dabei die richtige Länge ermitteln, indem Stoff und Gummiband unter Spannung aneinandergehalten werden, und abschneiden.

3. An einem Ende des Gummibands eine große Sicherheitsnadel oder Stopfnadel befestigen. Die Sicherheitsnadel Stück für Stück durch den Tunnel schieben, bis sie an der Öffnung wieder zum Vorschein kommt. Bei Bedarf das andere Ende ebenfalls mit einer Sicherheitsnadel sichern, damit es nicht im Tunnel verschwindet.

4. Die Enden des Gummizugs zusammennähen.

5. Nun kannst du die vorher aufgetrennte senkrechte Naht am besten mit der Hand wieder verschließen.

Tipp: Wenn der Gummizug im Bund festgenäht ist, brauchst du zwar mehr Zeit, ihn herauszutrennen, den Bundtunnel neu zuzunähen und das neue Gummiband wieder einzuziehen. Aber selbst das lohnt sich bei Lieblingsstücken ganz sicher, bevor sie nicht mehr getragen werden.

Naht von außen reparieren

Mit dem Matratzenstich (auch als unsichtbare Naht, Zaubernaht oder Leiterstich bekannt) lässt sich schnell und effektiv eine Naht von außen verschließen – ideal, wenn die Nahtstelle von innen schwierig oder überhaupt nicht zugänglich ist, zum Beispiel bei einem Kuscheltier (S. 112) oder Kirschkernkissen (S. 50).

So wird's gemacht:

1. Dazu die Nadel mit dem am Ende verknoteten Faden einmal von innen nach außen durch den Stoff stechen, damit der Knoten innen liegt.

2. Danach die Nadel am inneren Rand des Stoffumbruchs mit einem kurzen Stich nach innen und auf der gleichen Seite wieder nach außen durchstechen und den Faden locker durchziehen.

3. Nun im gleichen kleinen Abstand die Nadel auf der anderen Seite nach innen und gleich wieder nach außen führen. Die Einstichstellen liegen an beiden Stoffteilen genau nebeneinander.

4. Wenn du den Faden jetzt fest anziehst, schließt sich die Naht, und der Faden ist im besten Falle gar nicht mehr zu sehen. Auf diese Weise fortfahren, bis die gesamte Naht geschlossen ist.

5. Zum Schluss den Faden ein paar Mal mit winzigen Stichabständen vernähen, mit einem langen Stich nach innen und wieder nach außen ziehen, festziehen und abschneiden, sodass das Ende nach innen verschwindet.

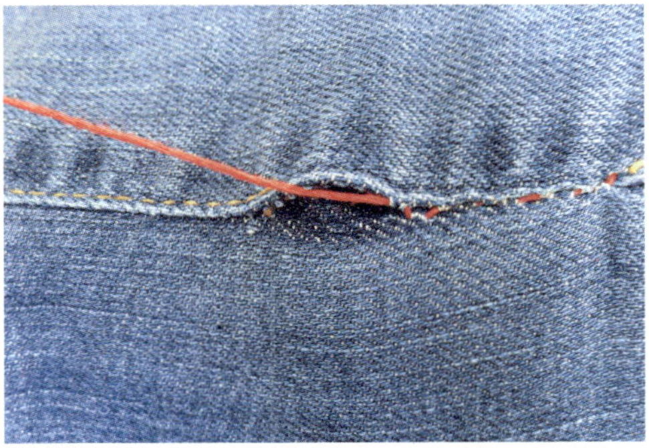

Naht von innen reparieren

Eine aufgeplatzte Naht lässt sich meist problemlos reparieren, wenn der Stoff noch intakt ist. Drehe das Kleidungsstück auf links. Lege die beiden Stoffpartien an der kaputten Stelle aufeinander, fixiere sie gegebenenfalls mit Stecknadeln und vernähe sie mit der Nähmaschine oder per Hand mit einem Steppstich, der eine sehr stabile Naht ergibt. Dabei werden der Anfang und das Ende der Lücke verriegelt, damit sich der ursprüngliche Faden an diesen Stellen nicht wieder löst. Faden vernähen, Fadenenden abschneiden, Kleidungsstück wenden, fertig!

Visible Mending: Löcher stopfen in schön

Beim sogenannten „Visible Mending“ (engl. für „sichtbares Ausbessern“) werden Löcher, Risse oder Flecken möglichst auffällig überdeckt und verschönert. Dazu eignen sich bunte Stoffreste als Flicken und zum Stopfen farbiges dickeres Garn, zum Beispiel doppelt gelegtes Nähgarn oder einfaches Stick- oder Stopfgarn.

Damit die Reparaturarbeit trotzdem nicht willkürlich aussieht, wird am besten in Mustern oder Formen gestickt. Für eine exakte Nadelführung ist es hilfreich, sich Formen oder Linien mit Bleistift oder Stoffkreide vorzuzeichnen.

Ein nützlicher Trick für besonders ebenmäßige Stiche ist, sich die Stichabstände einfach auf den Finger zu malen.

🌐 smarticular.net/visible-mending

Ein Herz auf kleine Risse sticken

Kleine Löcher oder Risse lassen sich gut mit einem gewebten Herz reparieren. Die Technik funktioniert genauso wie beim Stopfen von Socken, indem Längsfäden über das Loch oder den Riss gezogen und mit Querfäden verwebt werden – nur eben in Herzform (Kreise oder Vierecke funktionieren aber genauso).

Tipp: Einen Stopfpilz oder einen Stickrahmen benötigst du nicht unbedingt. Es genügt, den Stoff beispielsweise auf ein Schraubglas zu spannen und mit einem Gummiband zu fixieren, sodass die schadhafte Stelle mittig über dem Schraubdeckel liegt.

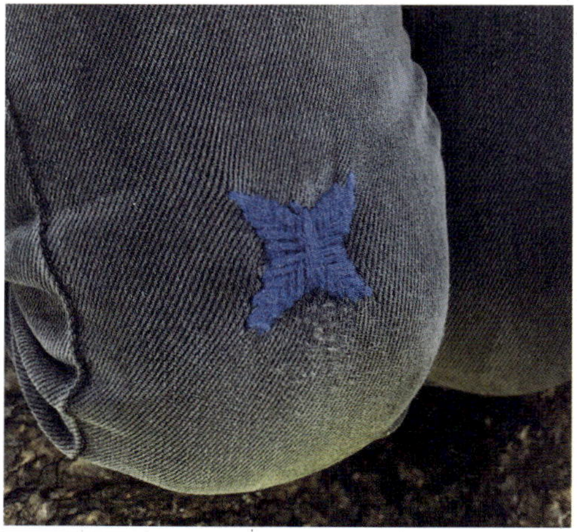

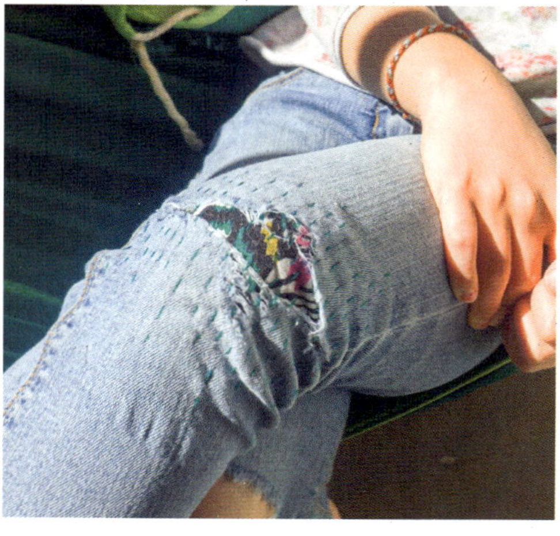

So wird das Herz gestickt:

1. Mit einem auswaschbaren Stift ein Herz um die schadhafte Stelle zeichnen. Dabei mindestens 5 mm Abstand zur Schadstelle lassen.

2. Das zu reparierende Material auf einen Sockenpilz, in einen Stickrahmen oder auf ein Schraubglas spannen.

3. Mit Nadel und einem kontrastfarbigen Faden das Fadenende von innen fixieren – am besten am rechten oberen Ende des Herzens.

4. Gerade nach unten einen Längsfaden ziehen und am Herzrand einstechen, links daneben (immer am Herzrand entlang) die Nadel wieder nach vorn führen und einen weiteren Längsfaden parallel zum ersten nach oben führen und erneut einstechen. So fortfahren, bis das Herz komplett mit Längsfäden ausgefüllt ist.

5. Nun die Querfäden einziehen, indem der Faden immer abwechselnd über und unter den Längsfäden hindurchgeführt wird. Auf dem Rückweg genau andersherum „weben“. Beim Einziehen der Querfäden zuerst die linke Rundung des Herzens ausfüllen, dann die rechte und schließlich die komplette untere Hälfte bis zur Herzspitze hinunter.

6. Fadenende verknoten, vernähen und auf der Rückseite abschneiden. Fertig!

Löcher stopfen mit einer Sonne

Eine gestickte Sonne verdeckt hervorragend kleine kreisförmige Löcher. Für diese Technik brauchst du gelbes Garn, eine passende Nadel und etwas zum Aufspannen des Stoffes – zum Beispiel ein Schraubglas und ein Gummiband.

So gelingt die Sonne:

1. Mit einer geeigneten Schablone (zum Beispiel eine Münze) einen Kreis auf den Stoff zeichnen, der einige Millimeter über den Rand des Loches hinausgeht.

2. Eine einfache Naht per Hand auf die vorgezeichnete Kreislinie setzen. Am besten eignet sich der Steppstich.

3. Nun mit einer Runde Schlingstiche (auch: Knopflochstich) die Strahlen der Sonne im Uhrzeigersinn sticken. Dafür den Faden links am Rand entlang legen, durch das Loch im Stoff hindurch in der Rückseite des Stoffs am Strahlenende (je nach Lochgröße etwa 2 cm vom Rand entfernt) einstechen, den Faden nach vorn hindurchziehen und dabei durch die Schlinge des vorherigen Stichs führen.

4. Die zweite Runde weiter mit Schlingstichen fortführen, nur ohne Strahlen. Das heißt, es werden im Uhrzeigersinn an jede vorhandene Masche „Schlingen" gesetzt. Ab der dritten Runde nur noch um jede zweite Masche eine Schlinge ziehen, bis der Kreis geschlossen ist.

5. Zum Schluss das entstandene Schlingengewebe mit parallelen Längsfäden abdecken.

6. Das Fadenende verknoten, verstechen und fertig!

2.

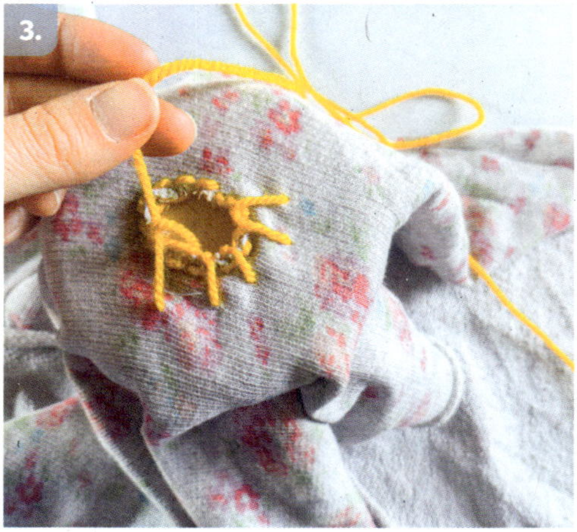
3.

5.

Löcher mit bunten Flicken reparieren (Sashiko)

Größere Schadstellen in der Kleidung werden bei dieser Methode mit Stoffresten geflickt und anschließend mit auffälligen Nähten fixiert, die ausschließlich aus Heftstichen bestehen. Diese Technik ist inspiriert von einer traditionell japanischen Reparaturtechnik, dem *Sashiko*, das in Abwandlungen vielerorts genutzt wird, um Stoffe zu verzieren.

So geht's:

1. Einen bunten Stoffrest auswählen und einen Flicken daraus zurechtschneiden, der das zu stopfende Loch großzügig überdeckt.

2. Den Flicken auf die Rückseite des beschädigten Stoffs legen, bei Bedarf bügeln und mit Nadeln feststecken.

3. Ein Stück Pappe hinter den Stoff legen, um zu verhindern, dass die Rückseite des Kleidungsstücks aus Versehen mit angenäht wird.

4. Das Muster der Wahl – zum Beispiel unterschiedlich lange parallele Linien – mit einem auswaschbaren Stift vorzeichnen. An einer Seite beginnend, Heftstiche entlang der Linien nähen. Dafür die Nadel mit dem Faden in gleichmäßigen Abständen über und unter dem Stoff hindurchführen. Am besten gleich mehrere Stiche mit der Nadel ausführen, bevor der Faden durchgezogen wird.

5. Zum Wechsel in eine andere Linie des Musters den Faden auf der Rückseite des Stoffes entlangführen.

6. Am Ende den Faden verknoten, auf der Rückseite vernähen und abschneiden.

Lavendeldruck: Alte Shirts werden zum Kunstwerk

Tomatensoße aufs Lieblings-T-Shirt gekleckert? Statt das gute Stück wegzuwerfen, lässt sich der Fleck mit Lavendeldruck auf natürliche Weise „beseitigen“ und sogar ein neues, individuelles Design kreieren. Dafür brauchst du nicht mehr als die Laserkopie eines selbst gewählten Motivs und ätherisches Lavendelöl. Das Öl löst einen Teil der Druckfarbe und bringt sie erstaunlich farbstark und sogar waschecht auf den Stoff.

Der Lavendeldruck ist eine einfache und unschädliche Druckmethode, die sogar für Kinder geeignet ist.

Material:

- 1 weißes oder helles T-Shirt (oder anderes Kleidungsstück) aus Baumwolle
- 1 spiegelverkehrt ausgedruckte Laserkopie deines Wunschmotivs (bunt oder schwarz-weiß)
- ätherisches Lavendelöl
- Pinsel zum Auftragen des Lavendelöls
- (Koch-)Löffel oder anderer stumpfer Gegenstand zum Aufreiben des Motivs
- unbedruckte Pappe als Unterlage
- Klebe- oder Kreppband
- Bügeleisen und Backpapier zum Fixieren

4.

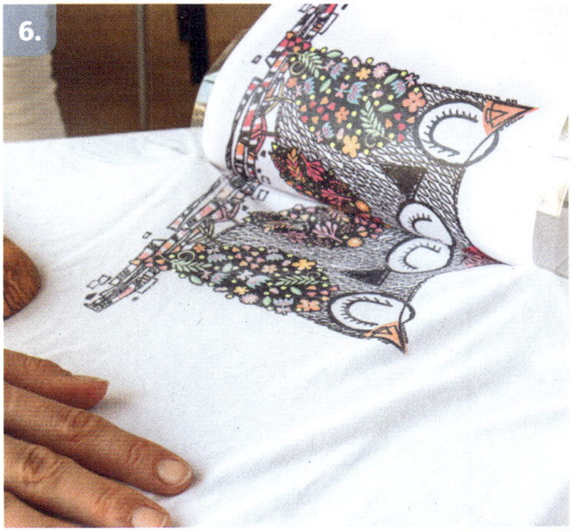

So wird's gemacht:

1. Das T-Shirt faltenfrei auf einer festen Unterlage ausbreiten.

2. Ein Stück Pappe in das T-Shirt schieben, sodass dessen Rückseite geschützt ist.

3. Die Kopie mit dem Motiv nach unten mit Klebe- oder Kreppband an der gewünschten Stelle auf dem T-Shirt fixieren.

4. Einige Tropfen Lavendelöl mit einem Pinsel auf das Papier streichen und einige Sekunden lang einweichen lassen. Nur so viel Öl verwenden, bis sich das Papier rund um das Motiv vollgesaugt hat. Schwimmt die Kopie im Öl, so wird auch der Druck verschwommen.

5. Mit einem Kochlöffel o. Ä. das Motiv unter leichtem Druck auf das T-Shirt reiben. Vorsichtig arbeiten, damit das Papier nicht verrutscht. Um den Erfolg zu überprüfen, das Papier ohne Verrücken an einer Ecke etwas anheben.

6. Wenn das Motiv vollständig übertragen ist, die Kopie vorsichtig entfernen und das T-Shirt trocknen lassen. Bei Bedarf lüften, denn der ganze Raum duftet jetzt nach Lavendel.

7. Das T-Shirt auf Baumwoll-Temperatur ohne Dampf bügeln, um das Motiv zu fixieren. Damit das Bügeleisen vor Verschmutzungen geschützt ist, einen Bogen Backpapier zwischen T-Shirt und Bügeleisen legen. Saugfähiges Papier zwischen den T-Shirt-Lagen nimmt Reste des Lavendelöls auf. Danach kann das Shirt bei 30 °C in der Waschmaschine gewaschen werden.

smarticular.net/lavendeldruck

Solarfärben im Glas

Fleckige, ausgeblichene oder ergraute T-Shirts lassen sich durch Solarfärben in frisch-bunte Kleidungsstücke verwandeln. Dazu werden die Textilien zusammen mit färbenden Pflanzen in ein großes Glas gegeben, mit Wasser übergossen und verschlossen.

Innerhalb weniger Tage bis hin zu mehreren Wochen löst das Sonnenlicht die Farbstoffe aus den Pflanzenfasern und lässt sie auf das Kleidungsstück übergehen. Die Möglichkeiten der erzielbaren Farben sind dabei so vielfältig wie die Natur selbst.

Material:

- alte helle Kleidung aus natürlichen Fasern wie Wolle, Seide und Baumwolle (Kunstfasern sind für diese Färbemethode ungeeignet)
- großes Bügelglas o. Ä. als Färbegefäß (mindestens zwei Liter Fassungsvermögen für ein T-Shirt)
- färbende Pflanzenteile (siehe nachfolgende Liste)

Diese Farben werden mit folgenden Färbepflanzen erzielt:

- Gelb: Granatapfelschalen, Goldrute, Kamille, Ringelblume, Rainfarn
- Braun: grüne Walnussschalen, schwarzer Tee (Hellbraun), Salbei (Hellbraun), Brombeerblätter (Braungrün), Zwiebelschalen (Gelbbraun)
- Rosa: Waldmeister, Hibiskus, Mahonienbeeren (Rosa-Violett), Avocadoschalen und -kern (Lachsrosa)
- Blau: Rotkohl (Blau bis Rotviolett), (Schwarz-) Rote Stockrose (Graublau bis Schwarz), Holunderbeeren (Blau bis Lila)
- Violett/Lila: Klatschmohn (Violettrot), Brombeeren (helles Lila)

Die Natur hat noch viele weitere Pflanzen zu bieten, die Farbstoffe enthalten. Das Ergebnis ist jedes Mal eine kleine Überraschung und nicht immer vorhersagbar. Wenn du verschiedene Blätter, Blüten und Schalen mischst, entstehen immer neue Farben – es lohnt sich zu experimentieren.

Den Stoff vorbereiten

Für ein gutes Färbeergebnis wird der Stoff mit folgenden Tipps vorbereitet:

- Das T-Shirt vor dem Färben waschen.

- Baumwolle mit essigsaurer Tonerde (auch unter dem Namen „Aluminiumacetat-Tartrat“ in der Apotheke erhältlich) behandeln, damit das Gewebe die Farbstoffe besser aufnimmt. Dafür einen Teil essigsaure Tonerde mit vier Teilen Wasser vermischen und die Kleidung für ein paar Stunden – am besten über Nacht – darin einweichen. Vor dem Färben gut ausspülen.

Mit Pflanzen und Sonnenlicht färben

Solarfärben erfordert lediglich ein wenig Geduld. Alles andere ist ganz einfach und ruckzuck erledigt:

1. Pflanzenteile und Textilien in das Glas legen. Die Menge (in Gramm) der Pflanzenteile entspricht am besten etwa der des zu färbenden Materials.

2. Mit Wasser bis zum Rand aufgießen. Je weniger Luft im Glas zurückbleibt, umso geringer ist die Gefahr der Schimmelbildung.

3. Das Glas verschließen und mehrere Tage bis hin zu mehreren Wochen in die direkte Sonne stellen. Das funktioniert natürlich am besten im Sommer. Das Glas kann ruhig draußen stehen, auch Wind und Wetter schaden der Färbung nicht – scheint die Sonne mal nicht oder kann nur drinnen gefärbt werden, dauert es einfach länger. Wann die Färbung abgeschlossen ist, ist Ermessenssache – im Zweifel lieber noch ein paar Tage stehen lassen.

4. Für eine gleichmäßige Farbverteilung das Glas hin und wieder bewegen bzw. leicht schütteln. Eine einsetzende leichte Gärung ist kein Fehler, sondern Teil des Prozesses – lass deshalb gelegentlich etwas Druck ab oder schließe den Deckel nicht zu fest.

5. Zum Beenden des Färbevorgangs das Glas im Spülbecken oder in der Badewanne öffnen. Den Stoff herausnehmen und ausspülen, bis das Wasser klar bleibt. Die Farblösung ist je nach Färbeintensität für weitere Durchgänge verwendbar.

Mit den folgenden Tipps lässt sich das Ergebnis zumindest ein wenig steuern oder auch kreativ beeinflussen:

- Da Blätter, Beeren und Wurzeln unterschiedlich stark färben, kann die Färbung sehr unterschiedlich ausfallen. Je nach gewünschter Farbintensität sind deshalb mehr oder weniger große Mengen an Pflanzenteilen nötig.
- Für eine gleichmäßige Färbung empfiehlt es sich, den Behälter lieber etwas luftiger zu befüllen und nicht zu voll zu stopfen.
- Für überraschende Verläufe und Muster ähnlich wie beim Batiken lässt sich das Glas hingegen absichtlich bis zum Rand mit Pflanzen füllen.
- Für interessante Muster können die Pflanzenteile auch direkt in den Stoff eingerollt werden.
- Auch das Abbinden mit Gummibändern oder Knoten führt zu interessanten Farbeffekten.

Hinweis: Verwende beim Färben mit Pflanzen lieber keine giftigen Gewächse! Giftige Stoffe können auf das Textil übergehen und die Haut reizen.

smarticular.net/solarfaerben

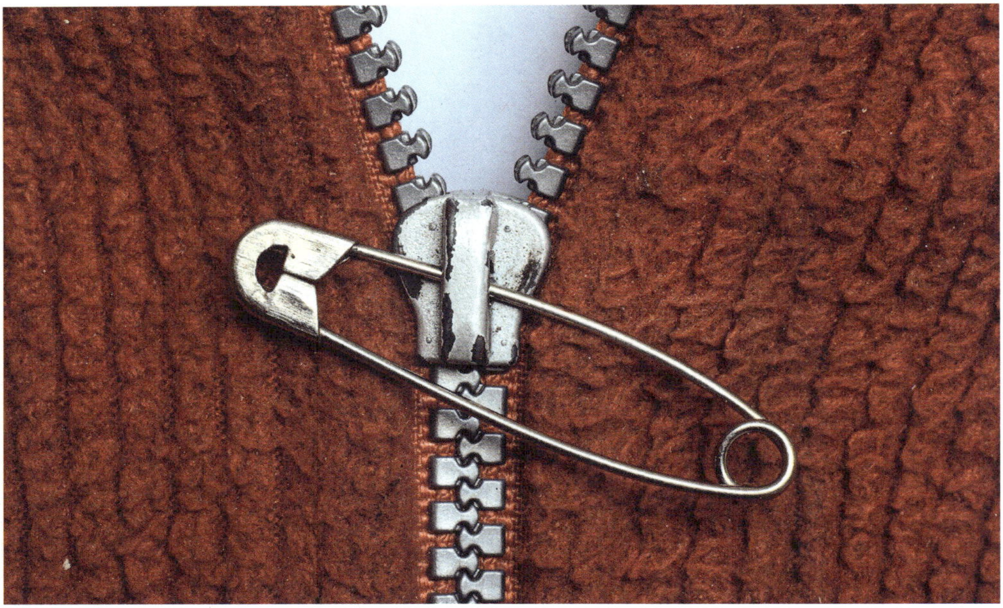

Zippergriff ersetzen

Der Griff des Reißverschluss-Schiebers oder -Zippers bricht bei viel genutzten Kleidungsstücken immer mal ab. Dann wird es umständlich, den Verschluss zu öffnen und zu schließen, weil der Schieber meist relativ klein ist.

Schnelle Abhilfe bringt eine Sicherheitsnadel oder Büroklammer, die am Schieber befestigt wird. Mit ein wenig mehr Zeit lässt sich durch die Öffnung des Schiebers auch ein hübsches Stück Band oder Kordel fädeln und zu einer Schlinge verknoten.

Der Reißverschluss lässt sich schlecht öffnen

Das passiert gern bei neuen Metallreißverschlüssen, deren Zähnchen noch zu kantig sind. In diesem Fall hilft es, den Verschluss mehrfach langsam auf- und zuzuziehen, damit sich die Zähne ein wenig abnutzen. Eine weitere Möglichkeit ist, mit einem Bleistift über die Zähnchen zu reiben, damit sie durch das Grafit „geschmiert" werden und der Schieber besser über sie hinweggleiten kann.

Wenn sich der Reißverschluss gar nicht schließen lässt oder immer wieder aufgeht, sind womöglich die Kanten des Schiebers verbogen. Beide Seiten mit einer Zange vorsichtig zusammenzudrücken, löst das Problem in den meisten Fällen.

smarticular.net/kleidung-reparieren

Accessoires

Buchumschlag aus Jeans & Co.

Ein Umschlag aus Stoff schützt Schulhefte, Bücher oder Planer vor vorzeitiger Abnutzung. Wenn dafür der obere Teil einer Jeans verwendet wird, bietet die Hülle zugleich Stauraum für Stifte und andere Kleinigkeiten.

Am besten eignet sich für dieses Projekt nicht dehnbarer Jeansstoff für Bücher und dünner gewebter Stoff für Hefte. Stretchstoff ist dagegen schwieriger zu verarbeiten.

Um die Abmessungen für die Hülle zu ermitteln, gehe nach dieser Formel vor: Für die Höhe des Stoffstücks addiere 3 cm zur Höhe des Buchs oder Heftes hinzu. Die Breite ergibt sich aus der doppelten Breite des Buchs oder Heftes plus optional der Breite des Buchrückens plus etwa 12 cm.

Beispiel: Für einen Kalender wie den Grünen Faden, der 13,5 × 20,5 cm groß und 2 cm dick ist, benötigst du ein Stück Stoff mit den Maßen 41 × 23,5 cm (bzw. 22,5 cm, wenn der Hosenbund zugleich als obere Kante dient).

Material:

- 1 Stück Stoff à 41 × 23,5 (bzw. 22,5) cm oder nach eigener Abmessung (s. o.)

So wird die Buchhülle genäht:

1. Den Stoff zuschneiden. Bei Jeans darauf achten, dass sich in den Randbereichen, die doppelt gelegt und genäht werden, möglichst keine wulstigen Nähte, Nieten oder Knöpfe befinden.

2. Den Stoff an den Schnittkanten mit einem Zickzackstich versäubern (S. 18).

3. Die untere und, falls nötig, die obere Kante des Stoffstücks jeweils 1 cm breit nach innen umbügeln und mit Nadeln feststecken. Dann die linke und die rechte Kante ebenfalls je 1 cm breit nach innen umbügeln, feststecken und mit wenigen Millimetern Abstand zur Kante mit einem geraden Stich festnähen.

4. Die linke und rechte Seite nochmals jeweils etwa 5 cm weit nach innen umschlagen, sodass Einstecklaschen für die Buch- bzw. Heftdeckel entstehen und das Buch oder Heft genau hineinpasst. Am besten dafür eine „Anprobe“ durchführen: Die Hülle sollte bei geschlossenem Buch/Heft bequem passen.

5. Die Einstecklaschen bügeln und an der oberen und unteren Kante der Buchhülle feststecken. Nun entlang dieser beiden Kanten jeweils über die gesamte Breite des Umschlags einen geraden Stich nähen, um die Laschen zu fixieren.

smarticular.net/buchumschlag

Variable Buchhülle

Eine Buchhülle mit loser Rückenklappe, die mit einem Gummiband am Buchdeckel befestigt wird, ist variabel und für unterschiedlich dicke Bücher geeignet.

Ermittle den Stoffbedarf für die Hülle am besten, indem du ungefähr die dreifache Breite eines geschlossenen Buches plus die Breite eines mitteldicken Buchrückens plus 3 cm als Nahtzugabe berechnest. Die Höhe ergibt sich aus der Höhe des Buches plus 3 cm Nahtzugabe.

Für diese Anleitung haben wir den Grünen Faden, unseren nachhaltigen Jahresplaner, als Muster genommen. Er ist 13,5 cm breit, 20,5 cm hoch und 2 cm dick.

Material:

- 2 Stoffstücke à 23,5 × 45,5 cm
- 1 Stück Wäschegummi à 24 cm

So nähst du die Buchhülle:

1. Den Stoff für die Außenseite mit der schönen Seite nach oben quer vor dir ausbreiten.

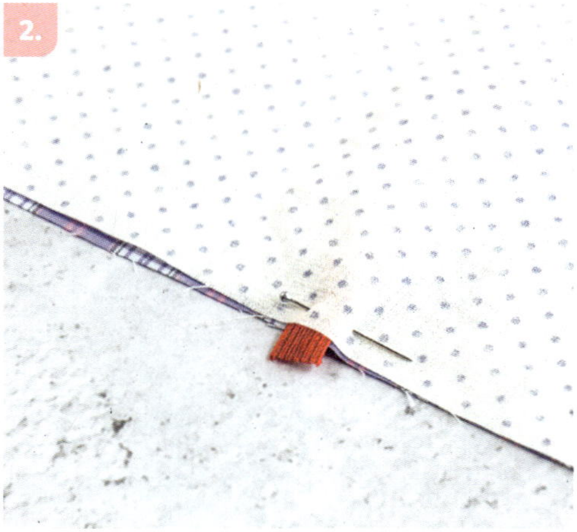

2. Das Gummiband am Ende des zweiten Drittels der Stoffbreite (im Beispiel bei etwa 31 cm) vom linken Rand entfernt vertikal auf den Stoff legen, sodass es oben und unten gleichmäßig übersteht.

3. Den Innenstoff mit der schönen Seite nach unten genau auf den ersten Stoff legen. Beide Stoffstücke und das Gummiband mit Nadeln feststecken.

4. Die Stoffe mit 1 cm Abstand zum Rand mit einem geraden Stich bis auf eine etwa 5 cm breite Wendeöffnung rundherum zusammennähen. Dabei das Gummiband mit festnähen. Die Ecken des Stoffs im Winkel von 45 Grad nahe an der Naht abschneiden, ohne den Faden zu beschädigen.

5. Das Nähstück wenden und die Nahtzugabe an der Wendeöffnung nach innen bügeln.

6. Die linke Seite der Hülle für die Einstecklasche 6 cm weit umklappen und feststecken.

7. Mit wenigen Millimetern Abstand zum Rand einmal rund um die Hülle nähen. Dabei das Gummiband nicht mit festnähen.

Um die Buchhülle zu verwenden, stecke den linken Buchdeckel in die feste Lasche und den rechten Buchdeckel unter dem Gummiband hindurch. Schlage das lose Ende der Hülle um den rechten Buchdeckel und schiebe es dann zum Fixieren unter das Gummiband.

smarticular.net/buchhuelle-variabel

Pen-Loop-Stifthalter

Ein sogenannter Pen-Loop-Stifthalter zum Einkleben in einen Kalender oder Planer lässt sich mit wenigen Handgriffen selber nähen.

Material:

- 1 Stück stabiler, nicht fransender Stoff à etwa 5 × 6 cm, z. B. von einem Moltontuch
- Wäschegummi oder ähnliches Gummiband, etwa 6 cm lang

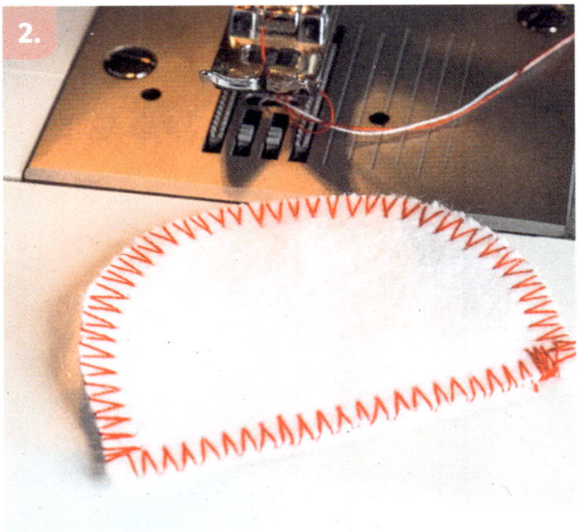

So wird die Stiftschlaufe hergestellt:

1. Den Stoff in beliebiger Form zurechtschneiden. Wichtig ist, dass eine der Kanten gerade ist.

2. Falls der Stoff zum Ausfransen neigt oder wenn du es schöner findest, kannst du ihn rundherum mit einem engen Zickzackstich versäubern (S. 18).

3. Das Gummiband um einen Stift legen und die Enden zusammenhalten, sodass eine Schlaufe entsteht. Die Schlaufe von hinten so am Stoff feststecken, dass sie an der geraden Stoffkante übersteht und der Stift sicher darinsitzt.

4. Den Stifthalter probeweise in das Buch einlegen und den Deckel zuklappen. Am besten schließt die Stoffkante mit den Buchseiten ab. Bei Bedarf die ideale Position markieren.

5. Das Gummiband mit einem geraden Stich am Stoff festnähen. Dabei mehrmals vor- und zurücknähen, damit die Naht dem Zug am Gummiband standhält.

6. Den Stifthalter mit Allzweckkleber am Buchdeckel festkleben.

smarticular.net/pen-loop

Stiftehalter für Notizbuch oder Kalender

Dieser Stiftehalter für zwei Stifte wird ganz einfach aus festen Stoffresten genäht (zum Beispiel aus dem Rücken eines alten Hemdes). Damit er für unterschiedlich große Kalender im Format DIN A5 und ähnlichen Größen passt, wird er mit einem flexiblen Gummiband versehen und mit einem Knopf am Buchdeckel befestigt.

Material:

- 1 Stoffstreifen à 57 × 10 cm
- 1 großer Knopf
- Haargummi oder ähnliches Gummiband

So wird der Stiftehalter genäht:

1. Die Kanten des Stoffs rundherum etwa 0,5 cm breit umbügeln. Dann der Länge nach zusammenfalten und ebenfalls bügeln.

2. Den Saum eines der kurzen Enden festnähen.

3. Dieses Ende des Stoffstreifens 12 cm weit umschlagen und feststecken. Das wird die Tasche für die beiden Stifte.

4. Den Stoffstreifen an allen Seiten mit wenigen Millimetern Abstand zur Kante mit einer geraden Naht versehen. Wenn der Abstand zwischen Naht und Kante zu breit ist, passen die Stifte nicht mehr in die Tasche.

5. Eine weitere Naht anlegen, um die Stiftetasche in zwei Fächer zu unterteilen. Zur Probe zwei Stifte einstecken. Falls die Stiftfächer noch zu groß sind, sodass die Stifte herausfallen könnten, eventuell die Naht noch einmal etwas versetzt nachnähen, um die Fächer zu verkleinern.

6. Am unteren Ende der Stiftetasche den Knopf annähen (S. 27).

7. Den Stiftehalter so um den Kalenderdeckel legen, dass die Tasche auf dem Buchdeckel mit der Öffnung nach oben liegt und ein kurzes Ende des Stoffstreifens unten hervorschaut.

8. Den Haargummi unter das kurze Ende des Stoffstreifens legen und den Stoff so weit nach hinten umklappen, dass der Gummi mit etwas Spannung bis zum Knopf reicht.

9. Das umgeklappte Stoffende feststecken und das Stoffende mit einer Quernaht festnähen, sodass eine Schlaufe entsteht, in der das Gummiband liegt.

10. Am oberen Ende der Schlaufe zusätzlich eine Naht anbringen. Sie verhindert, dass sich der Stoff durch den Zug des Haargummis zu sehr zusammenzieht.

smarticular.net/stiftehalter-naehen

Wärmekissen

Ein Kirschkern- oder Körnerkissen ist eine Wohltat bei den verschiedensten Beschwerden. Wer das Wärmekissen selber näht, kann Farbe, Form und Füllung selbst bestimmen.

Der Wärmekissen-Bezug aus dieser Anleitung hat die Abmessungen von 24 × 37 cm, das Innenkissen misst 23 × 36 cm. Der Bezug hat auf der Rückseite eine Öffnung aus sich überlappenden Stoffteilen; dadurch sind Reißverschlüsse oder Knöpfe für den Verschluss nicht nötig.

Material:

- 2 Stoffstücke à 24 × 37 cm für das Innenkissen, z. B. Reste eines Baumwollhemdes
- 1 Stoffstück à 25 × 38 cm für die Vorderseite der Kissenhülle, z. B. von einem alten Frotteehandtuch oder Sweatshirt
- 1 Stoffstück à 25 × 21 cm (Teil 1 der Rückseite)
- 1 Stoffstück à 25 × 36 cm (Teil 2 der Rückseite)
- ca. 1 kg Dinkelkörner, Kirschkerne, Traubenkerne oder eine andere Füllung deiner Wahl

Tipp: Die Länge der Stoffstücke für die Rückseite lässt sich je nach vorhandenem Stoff auch etwas ändern. Am besten ergeben sie jedoch – unvernäht aneinandergelegt – 57 cm, damit sie sich später im fertig vernähten Zustand um etwa 15 cm überlappen.

So gelingt die Kissenhülle:

1. Die Stoffstücke für die Rückseite an jeweils einer der kurzen Seiten knapp 1 cm umschlagen und bügeln. Dann noch einmal 1 cm umschlagen und bügeln.

2. Die umgeschlagenen Kanten jeweils mit geradem Stich festnähen.

3. Das Stoffstück für die Vorderseite quer mit der schönen Seite nach oben auslegen. Dann das kürzere Stoffstück für die Rückseite mit der schönen Seite nach unten auf den Stoff für die Vorderseite legen, bündig zur rechten Seite und mit der umgenähten Kante zur Kissenmitte hin ausgerichtet. Dann das längere Stoffstück bündig zur linken Seite darauflegen. Die Stoffstücke mit Nadeln feststecken.

4. Die Kissenhülle rundherum mit 1 cm Abstand zur Kante zunähen.

5. Durch die Öffnung auf der Rückseite wenden.

So entsteht das Innenkissen:

1. Die beiden Stoffstücke für das Innenkissen aufeinanderlegen, mit Nadeln feststecken und mit 1 cm Abstand zum Rand zusammennähen. Dabei eine etwa 10 cm lange Wendeöffnung belassen.

2. Das Innenkissen wenden und mit Obstkernen oder Getreidekörnern füllen. Damit das Kissen flexibel bleibt und sich gut an die Körperformen anpasst, nicht zu viel von der Füllung verwenden.

3. Die Stoffkanten der Wendeöffnung nach innen klappen und die Öffnung knapp entlang der Stoffkante zunähen.

Tipp: Auf die gleiche Art, nur mit dünnerem Stoff für den Bezug, lässt sich auch ein duftendes Kräuterkissen nähen.

smarticular.net/waermekissen

Herzkissen nähen

Anstatt eines rechteckigen lässt sich auch ein herzförmiges Kissen nähen, das etwa 27 cm hoch und 30 cm breit ist. Dafür eignet sich wunderbar alter Handtuch- oder Sweatshirt-Stoff.

Das Herzkissen wird bis auf die Form ähnlich hergestellt wie das rechteckige Wärmekissen aus dem vorigen Projekt:

1. Die Stoffstücke für das Innenkissen aufeinanderlegen, feststecken und eine Herzform ausschneiden. Bei Bedarf vorher eine Papiervorlage anfertigen.

Material:

- 2 Stoffstücke à jeweils 28 × 31 cm für das Innenkissen, z. B. von einem ausgedienten Herrenhemd
- 1 Stoffstück à 29 × 32 cm großes Stoffstück für die Vorderseite der Kissenhülle, z. B. Handtuch- oder Sweatshirtstoff
- 1 Stoffstück à 18 × 32 cm (Rückseite, Teil 1)
- 1 Stoffstück à 21 × 32 cm (Rückseite, Teil 2)
- etwa 750 g Füllmaterial, z. B. Dinkelkörner oder Kirschkerne

2. Die ausgeschnittenen Stoffherzen als Schablone für den Stoff der Kissenhülle verwenden: Dafür den Stoff der Vorderseite mit 1 cm Zugabe zum Stoff des Innenkissens ausschneiden.

3. Für die Rückseite die beiden Stoffstücke überlappend aufeinanderlegen, sodass ein 29 × 32 cm großes Rechteck entsteht. Die Stoffstücke ebenfalls mit 1 cm Abstand zur Stoffherz-Vorlage ausschneiden.

4. Die Stoffstücke für das Innenkissen mit Nadeln feststecken und mit 1 cm Abstand zum Rand und einer etwa 10 cm langen Wendeöffnung zusammennähen.

5. Durch die Öffnung wenden und mit Kernen oder Körnern füllen. Dann die Wendeöffnung zunähen.

6. Die sich überlappenden Kanten der Stoffstücke für die Rückseite säumen. Dafür die gerade Kante des Stücks mit der Herzspitze erst knapp 1 cm weit umschlagen und bügeln, dann nochmals 1 cm umschlagen und bügeln. Ebenso die gerade Kante des anderen Stoffs mit den Herzrundungen doppelt umschlagen und bügeln. Die umgebügelten Kanten jeweils festnähen. Wenn du für die beiden Rückseitenteile solche Stoffstücke auswählst, die bereits einen Saum an der zukünftigen Öffnung haben, etwa die Ränder eines alten Frotteehandtuchs, kannst du dir das Säumen der Stoffe sparen.

7. Vorder- und Rückseitenteile der Kissenhülle mit ihren schönen Seiten nach innen aufeinanderlegen, feststecken und mit 1 cm Abstand zum Rand rundherum zusammennähen.

8. Durch die Öffnung wenden und das Innenkissen einlegen.

3.

5.

8.

smarticular.net/waermekissen

Wärmflaschenbezug

Ein Stück eines verfilzten Wollpullis gibt einen kuscheligen Bezug für eine Wärmflasche ab. Dafür die Wärmflasche einfach als Muster auf den doppelt liegenden, auf links gedrehten Wollstoff legen.

Die Umrisse des Flaschenkörpers abstecken (etwa 3 cm Nahtzugabe berücksichtigen) und über den Flaschenhals hinaus bis zu dessen Ende weiterführen oder wie im Foto den Halsausschnitt nutzen. Die Form ausschneiden und die beiden Stoffstücke zusammennähen. Bei stark verfilztem Wollstoff kannst du dir einen Saum an der Öffnung sparen.

Schneller Kissenbezug

Die Vorderseite eines alten Hemdes eignet sich optimal, um daraus eine Kissenhülle zu nähen. Ein Stück der Front samt Knopfleiste dient dabei gleich als Öffnung, durch die sich das Innenkissen herausnehmen lässt.

Einfach auf links alle Nähte in den gewünschten Abmessungen schließen und den fertigen Bezug durch die Öffnung mit der Knopfleiste wenden und mit einem Innenkissen befüllen.

Adventskalender aus bunten Stoffresten

Ein Adventskalender, der aus kleinen Säckchen besteht, lässt sich leicht aus den unterschiedlichsten Stoffresten nähen, zum Beispiel von alten Hemden und Tischdecken, Sommerröcken, Hosen, aber auch aus dünnem Jeans- oder Filzstoff.

Die Säckchen aus dieser Anleitung sind eher klein mit Abmessungen von 9,5 × 7,5 cm für die fertig genähten Beutel. Die Maße sind aber frei wählbar, je nachdem, wie groß die Kleinigkeiten sind, die darin Platz finden sollen.

Material:

- bunte Stoffreste für 24 kleine Säckchen
- 24 Schnüre, jeweils etwa 40 cm lang, z. B. Paketkordel, Häkelschnüre aus Wollresten, selbst gemachtes Textilgarn (S. 21) oder eine Mischung aus allem
- Pappe für die Schablone, etwa 20 × 30 cm groß
- 24 Pappanhänger
- 1–2 m Schnur, Aststücke oder Stöcke, um die Beutel aufzuhängen

3.

4.

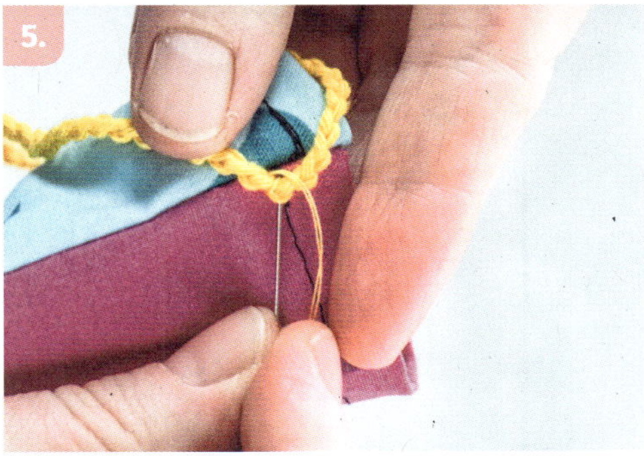
5.

So entsteht der nachhaltige Adventskalender:

1. Für die Schablone ein Rechteck mit den Abmessungen 11 × 16 cm auf ein Stück Pappe aufzeichnen und ausschneiden.

2. Die Schablone auf die linke Seite des Stoffs legen (kleinere Stoffreste eventuell vorher zu größeren Stücken zusammennähen) und die Umrisse mit einem Stift auf den Stoff übertragen. Am besten mit einer Zickzackschere ausschneiden, damit die Ränder nicht ausfransen.

3. An einer langen Seite den Stoff 1 cm weit umschlagen und bügeln oder mit Nadeln feststecken und knapp oberhalb der Zickzackkante vernähen. Bei Filz und anderem Stoff, der nicht ausfranst, ist dieser Saum unnötig.

4. Die lange Seite des Stoffstücks mittig falten. Dabei liegt die rechte, schöne Stoffseite innen. Die beiden unversäuberten Ränder im Abstand von 0,5 cm zu den Kanten mit geradem Stich zusammennähen, die gesäumte Seite bleibt offen. Das Säckchen wenden und mit einer Schere von innen die Ecken ausformen.

5. Die Mitte einer kurzen Schnur mit ein paar Stichen etwa 0,5 cm unterhalb der Saumnaht an einer Seitennaht des Beutelchens festnähen (alternativ die Schnur schon beim Zusammennähen des Beutels mit festnähen). Jetzt ist der Adventskalender fertig und bereit, befüllt zu werden. Die Beutelchen mit den Schnüren verschließen, mit durchnummerierten Pappanhängern versehen und dekorativ aufhängen.

smarticular.net/adventskalender-naehen

Christbaumschmuck aus Stoffresten

Im Prinzip lässt sich jede denkbare Form nutzen, um damit aus Stoffresten Weihnachtsbaumschmuck zu nähen. Geeignet sind Reste von mitteldickem gewebten Stoff oder Teile von aussortierten Hemden. Mit den Schnittmustern auf Seite 199 oder zum Herunterladen (siehe smarticular.net/baumschmuck-naehen) entstehen eine Tanne, eine Glocke oder eine Weihnachtskugel.

Material:

- etwa 15 × 20 cm Stoffreste
- 15–20 cm Schnur zum Aufhängen
- beliebiges Füllmaterial, z. B. Stoffverschnitt, Watte oder geknülltes Toilettenpapier

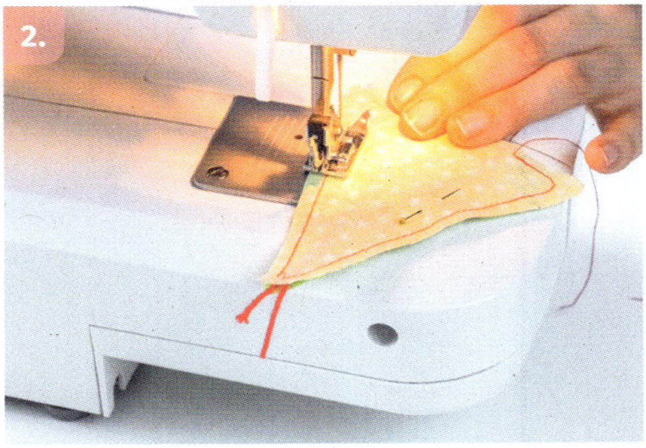

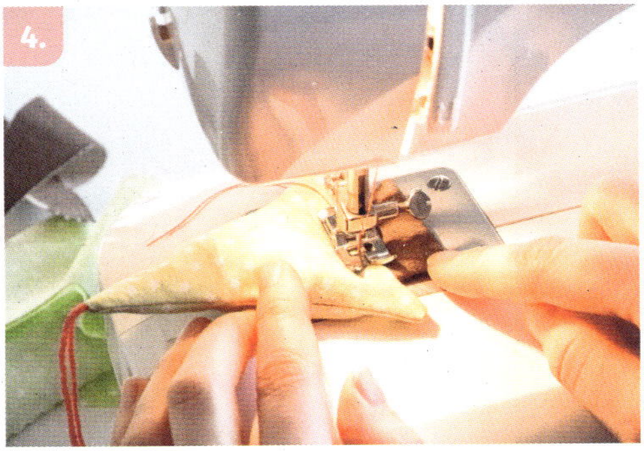

So gelingt eine Tanne, Glocke oder Kugel:

1. Das Schnittmuster nachzeichnen oder ausdrucken und ausschneiden. Den Schnitt jeweils auf eine doppelte Lage Stoff legen und an den Kanten entlang zuschneiden.

2. Die Teile mit der schönen Seite nach innen aneinanderheften, die Schnur mit der Schlaufe nach innen wie angezeichnet einlegen, sodass die Schnurenden nur einige Millimeter herausragen. Im Abstand von etwa 0,5 cm rundherum eine einfache Naht (Geradstich mit kurzer Stichlänge) anbringen und eine Wendeöffnung freilassen. Die Stelle, an der die Fadenschlaufe mit festgenäht wird, durch Vor- und Zurücknähen sichern.

3. Das Nähstück wenden und die Ecken mit einer Stricknadel oder der stumpfen Seite einer Schere ausstülpen. Je nach gewünschter Dicke mit mehr oder weniger Füllmaterial ausstopfen.

4. Den Stamm in die Tanne beziehungsweise den Klöppel in die Glocke einsetzen und mit einer doppelten Naht mit geradem Stich festnähen. Dabei die Teile so ineinanderlegen, dass alle Wendeöffnungen geschlossen werden. Die Wendeöffnung der Kugel schließt man am besten per Hand mit dem Matratzenstich (S. 29).

Wer den selbst genähten Baumschmuck noch zusätzlich verschönern möchte, kann entweder schon vor dem Zusammennähen oder am Ende eine Ziernaht auf dem Anhänger platzieren. So wird aus einer einfachen Zickzacknaht mit kontrastfarbenem Faden eine angedeutete Lichterkette für die Tanne.

Baumschmuck nähen ohne Nähmaschine

Auch ohne Nähmaschine lässt sich aus Stoffresten Weihnachtsschmuck nähen. Stoffe, die nicht ausfransen – zum Beispiel Filz –, eignen sich dafür am besten. Sie brauchen auch nicht gewendet zu werden. Mit einem Schlingstich (auch Knopflochstich genannt) werden die einzelnen Stoffstücke umrandet und dadurch zusammengenäht.

Bevor die Naht ganz geschlossen ist, die Figur mit Füllmaterial ausstopfen und erst im Anschluss die Naht fertigstellen. Mit aufgenähten Perlen wird deine Tanne zum geschmückten Christbaum.

smarticular.net/baumschmuck-naehen

Zusätzliche Brusttasche aufnähen

Die meist noch tadellose Brusttasche eines Hemdes dient auch nach dessen Ableben weiterhin praktischen Zwecken, zum Beispiel als Zusatztasche. Schneide dazu die Tasche mit 2 cm Nahtzugabe aus dem Hemd aus, bügle die Stoffkante doppelt nach hinten um und nähe die Tasche an anderen (selbst gemachten) Kleidungsstücken an.

Körbchen häkeln aus Textilgarn

Das Garn für dieses Ordnung schaffende Utensilo für Bad, Küche oder Schreibtisch lässt sich kostenlos aus einem ausgedienten T-Shirt (S. 21) selbst herstellen. Das Körbchen gelingt auch Häkel-Anfängern, es kann beliebig breit und hoch sein und auf Wunsch mit einem oder zwei Henkeln versehen werden.

Material:

- etwa 45 m (aus einem großen T-Shirt zugeschnittenes) Textilgarn – je nach Nadelstärke und Maschengröße etwas mehr oder weniger
- dicke Häkelnadel, ungefähr Größe 8 bis 10

Mit den genannten Materialien entsteht ein Körbchen von etwa 15 cm Breite und 12 cm Höhe.

So wird das Körbchen gehäkelt:

1. Sechs Luftmaschen häkeln.

2. In die erste Masche der Luftmaschenkette einstechen und eine Kettmasche häkeln. Damit ist ein Luftmaschenkreis entstanden.

3. In jede der sechs Luftmaschen zwei feste Maschen häkeln, sodass in dieser Runde zwölf Maschen entstehen.

4. Ein andersfarbiges Stück Faden vor die nächste Masche legen und mit einhäkeln, um das Ende der Runde zu markieren. In der nächsten Runde abwechselnd zuerst eine und dann zwei Maschen in die darunter liegende Masche häkeln, sodass die Runde 18 Maschen hat.

5. Den Markierungsfaden aus der vollendeten Runde herausziehen und wieder vor die nächste Masche legen. In der nächsten Runde wie im vorherigen Schritt verfahren, aber nur in jede dritte Masche zwei Maschen häkeln, sodass 24 Maschen entstehen. Noch etwa zwei weitere Runden häkeln, in denen immer sechs Maschen mehr gehäkelt werden als in der vorherigen Runde.

6. Wenn der Kreis als Boden des Körbchens etwa 15 cm Durchmesser hat, in den folgenden Runden nur noch einmal in jede Masche einstechen. Dadurch, dass sich der Kreisdurchmesser nicht weiter vergrößert, biegt sich der Rand automatisch nach oben, und die Seitenwände des Körbchens entstehen. Jetzt brauchen die Maschen nicht mehr gezählt zu werden.

7. Falls das Körbchen einen oder zwei Henkel erhalten soll, etwa in der fünften Reihe der Seitenwand sechs Luftmaschen häkeln, vier Maschen nach der letzten festen Masche wieder einstechen und weiterhäkeln. Für einen zweiten Henkel auf der gegenüberliegenden Seite genauso verfahren. Eine oder zwei weitere Reihen darüberhäkeln, damit die Henkel stabiler werden.

8. Der Korb kann auf der gewünschten Höhe und an beliebiger Stelle beendet werden. Dafür mit einer Kettmasche abschließen. Den Faden mit etwa 10 cm Abstand abschneiden, durch die letzte Masche ziehen und vernähen. Auch den Anfangsfaden vernähen.

Damit ist das Utensilo-Körbchen fertig. Es ist, ebenso wie das wiederverwertete T-Shirt, in der Waschmaschine waschbar.

Häkeltipps für das Körbchen

Keine Sorge, falls du dich beim Häkeln des Bodens bei der Maschenzunahme einmal verzählt haben solltest – dem Körbchen sieht man nicht an, wenn eine Reihe eine Masche mehr oder weniger hat oder wenn versehentlich in die dritte statt in die vierte Masche zweimal eingestochen wurde. Solange die Maschenzunahme grob stimmt, entsteht trotzdem ein stabiler, glatter Korbboden.

Unterschiedlich große Henkel lassen sich mit mehr oder weniger Luftmaschen und kleineren oder größeren Abständen durch übersprungene Maschen häkeln. Für einen großen Korb empfehlen sich zwei Henkel, ein kleines Körbchen mit einem Henkel kann an einen Haken gehängt werden.

smarticular.net/koerbchen-haekeln

2.

4.

6.

7a.

7b.

Nacken- und Schulterkissen

Dieses Kissen hilft hervorragend gegen Verspannungen im Nacken- und Schulterbereich. Um sich an die Rundungen von Nacken und Schultern anzupassen, ist eine Länge von 30 bis 40 cm ideal. Die Füllkammern bewirken, dass die Füllung gleichmäßig über die gesamte Breite verteilt bleibt.

Material:

- 1 Beinstück einer Jeanshose oder ein Hemdärmel, etwa 45–50 cm lang
- Roggen- oder Dinkelkörner für die Füllung

So wird das Nackenkissen genäht:

1. Den Stoffschlauch auf links drehen und gegebenenfalls durch eine Längsnaht begradigen, sodass die beiden offenen Enden gleich breit sind. Den restlichen Stoff etwa 1 cm von der Naht entfernt abschneiden.

2. Eine der Öffnungen mit 1 cm Nahtzugabe durch eine Naht verschließen und den Schlauch wenden.

3. Die erste Portion Getreide in den Schlauch füllen und am zugenähten Ende gleichmäßig verteilen. 1–2 cm Platz lassen und eine Naht anbringen, sodass die erste Kammer abgenäht ist.

4. Auf diese Weise weitere Kammern befüllen und abnähen.

5. Bei der letzten Kammer die offenen Stoffkanten nach dem Befüllen etwa 1 cm nach innen schlagen, mit Nadeln fixieren und mit einer Naht knapp am Rand entlang verschließen.

smarticular.net/nackenkissen

Kleines Kühlkissen

Am schnellsten umsetzen lässt sich ein kleineres Kühlkissen mit einem ausgedienten Waschlappen (Waschhandschuh). Befülle dafür den Waschlappen so weit mit Kirsch- oder Traubenkernen oder Getreidekörnern (Roggen, Dinkel), dass er im verschlossenen Zustand nicht ganz prall gefüllt ist. Den Rand nach innen klappen und die Öffnung zunähen. Alternativ lässt sich das neue Kühlkissen auch mit einem hübschen Band verschließen.

Socken-Adventskalender

Einzelne Socken oder zu klein gewordene Kindersocken bieten sich hervorragend für einen Adventskalender an. Einfach eine Leine spannen und 24 Socken mit Wäscheklammern daran befestigen. Beschrifte die Wäscheklammern mit einem Permanent-Marker oder beklebe sie mit nummeriertem Papierklebeband (Washitape).

Garn und Schnüre aus Socken

Verwaiste Socken, Reste von Strumpfhosen oder Sweatshirt-Ärmeln lassen sich mit der folgenden Technik zu einem vielseitig verwendbaren, dicken Garn verarbeiten. Schneide den Stoff dafür in Ringe und verschlinge die Ringe ineinander, wie im Bild zu sehen, sodass eine Kette entsteht. So lässt sich ein nahezu endloses Band herstellen, zum Beispiel für einen einfachen, in Runden gehäkelten Teppich.

Pinnwand-Utensilo

Die für Jeanskleidung typischen Taschen eignen sich wunderbar, um an einer selbst gemachten Pinnwand Utensilien zu verstauen. Ein alter Bilderrahmen mit Rückseite oder ein einfaches Holzbrett sind als Unterlage optimal. Nähe die passend ausgeschnittenen Stücke zusammen und beziehe die Unterlage mit dem entstandenen Stoffstück. Alternativ lassen sich die Elemente auch einfach mit einem Tacker in der gewünschten Anordnung direkt auf der Unterlage befestigen.

Gehäkelter Jeansteppich

Aus Jeansstoff lässt sich leicht ein Teppich oder Läufer für den Flur herstellen. Schneide dazu einfach den Stoff in viele lange Streifen und nähe sie wie ein endloses Band aneinander. Häkle dann mit einer sehr dicken Häkelnadel (zum Beispiel 16 oder 20 mm) einen Kreis oder auch ein Rechteck.

Tipp: Wenn du magst, stelle den Teppich auch aus geflochtenen Zöpfen her, wie im Projekt zum Badezimmerteppich aus Frottee beschrieben (S. 79).

Handtasche

Aus dem oberen Teil einer alten Jeans lässt sich einfach und schnell eine Tasche nähen: Dazu die Beine kurz unter dem Schritt abschneiden, die Hose wenden und die Beinlöcher von links zunähen. Für die Tragehenkel fertige Gurte von innen an den Bund nähen und einen weiteren Gurt zur Dekoration durch die Gürtelschlaufen ziehen. Fertig ist die Tasche!

Tagesdecke

Viele kleine Jeansstücke ergeben eine schöne Tages- oder Picknickdecke. Lege dafür Rechtecke in der von dir gewünschten Größe zusammen und vernähe sie, wie im Projekt zu Geschenkpapier aus Stoff (S. 160) beschrieben. Mit einem zusätzlichen Stoff auf der Unterseite wird die Decke dicker, und du erhältst eine praktische Wendedecke.

Bad

Haarturban

Wer die Haare nach dem Waschen nicht föhnen und sich trotz nasser Haare frei bewegen möchte, kann sich einen Haarturban nähen, der mit einer Schlaufe und einem Knopf am Hinterkopf sicher befestigt wird. Das Schnittmuster findest du auf Seite 194 oder unter folgendem Link zum Herunterladen und Ausdrucken.

smarticular.net/haarturban-naehen

Material:

- 1 Frotteehandtuch, 50 × 100 cm oder größer
- Wäschegummi, etwa 10 cm lang, oder ein Haargummi
- (Wäsche-)Knopf

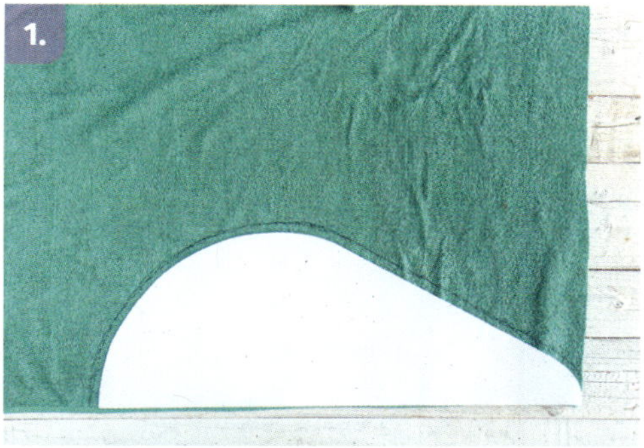
1.

2.

3.

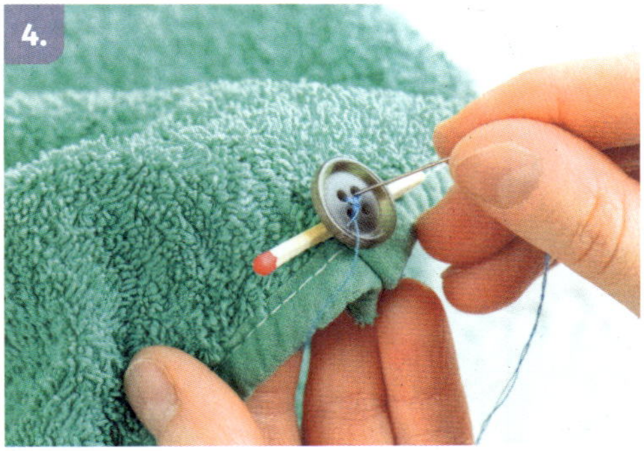
4.

So wird aus dem alten Handtuch ein praktischer Haarturban:

1. Das Schnittmuster (Seite 194) zweimal mit 1,5 cm Nahtzugabe auf den Stoff übertragen – einmal mit der Vorderseite und einmal mit der Rückseite nach oben. Dabei die gerade Kante des Schnittmusters, wie im Bild zu sehen, ohne Nahtzugabe direkt an den langen Handtuchsaum anlegen. Falls die geraden Kanten bei dir nicht mit einem Handtuchsaum abschließen, auch an dieser Kante 1,5 cm Nahtzugabe hinzugeben, nach Schritt 2 nach innen umschlagen und mit geradem Stich absteppen. Für einen etwas kleineren Kinderturban das Schnittmuster ohne Nahtzugabe auf das Handtuch übertragen.

2. Die beiden Turbanhälften ausschneiden und die Schnittkanten mit einem Overlock- oder Zickzackstich versäubern (S. 18), damit der Frotteestoff nicht ausfranst.

3. Die beiden Stoffstücke mit der schönen Seite nach innen aufeinanderlegen. Das Gummiband oder den Haargummi am schmalen Ende des Turbans zwischen die Stoffe legen, sodass beide Enden an der Spitze herausschauen (oder beim Haargummi eine kurze Schlaufe). Dann die runde Kante mit 1,5 cm Abstand zum Rand zusammennähen. Die gerade Kante bleibt offen. Den Turban auf rechts wenden.

4. Am Kopfende des Turbans (der runden Seite) direkt oberhalb des Saums einen Knopf annähen (S. 27).

Er wird aufgesetzt wie eine umgekehrte Kapuze: Das runde Ende (samt Haar darin) über den Kopf legen, sodass der Knopf am Hinterkopf sitzt. Das spitze Ende vor der Stirn eindrehen, nach hinten legen und am Knopf fixieren.

Waschbare „Softies“

Für weiche, waschbare Stofftaschentücher, die viele Male wiederverwendbar sind, ist der Stoff alter T-Shirts oder Sweatshirts, aber auch alter Bettwäsche und ausgemusterter Hemden bestens geeignet.

Material:

- Stoffreste mit den Mindestabmessungen von 21 × 21 cm
- 1 Stück Papier im Format DIN A4 für eine Schablone

1.

2.

4a.

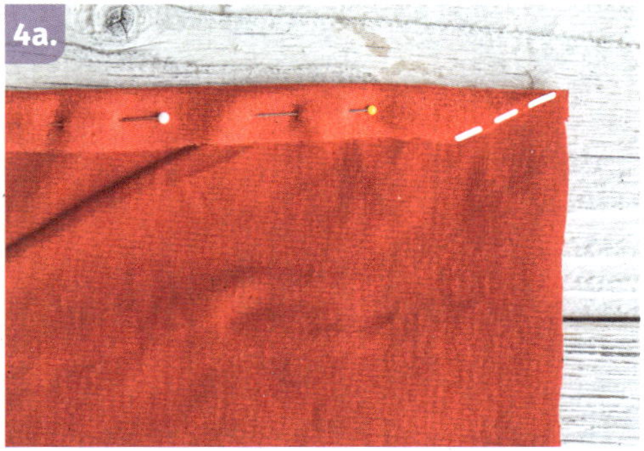

4b.

Und so entstehen die Taschentücher:

1. Für die Vorlage das Blatt diagonal falten und den überschüssigen Streifen an der Kante abschneiden, sodass ein Quadrat von 21 × 21 cm entsteht. Natürlich lassen sich auch andere Abmessungen wählen (zum Beispiel 40 × 40 cm für große Taschentücher).

2. Die Vorlage mit Stecknadeln auf dem Stoff (die rechte, schöne Seite liegt unten) fixieren und den Stoff entlang der Kanten ausschneiden.

3. Die Kanten etwa 1 cm nach innen umschlagen und mit Stecknadeln heften oder alternativ zur Fixierung bügeln.

4. An den Ecken bei dickeren Stoffen eine der Ecken schräg kürzen, die andere Seite ungekürzt darüberlegen (siehe Bilder) und feststecken.

5. Den Saum mit einer Zickzacknaht (S. 18) mit einer Stichlänge von 2 bis 3 und einer Stichbreite von 4 bis 5 festnähen.

Tipp: Diese Art der Säumung ist praktisch und schnell und deshalb für den täglichen Gebrauch oft ausreichend. Mit etwas mehr Aufwand, insbesondere dann, wenn du die Taschentücher verschenken möchtest, kannst du die Ränder auch zweimal umschlagen und mit einem geraden Stich festnähen, sodass die Schnittkanten im Saum verschwinden.

smarticular.net/softies-naehen

Taschentüchertasche

Um eine Taschentüchertasche aus Stoffresten zu nähen, sind keine besonderen Kenntnisse im Nähen nötig, denn alles, was man als Ausgangsbasis braucht, ist ein wenig fest gewebter Stoff, zum Beispiel von einer alten Jeans.

Diese Tasche ist ausgelegt für klassische Papiertaschentücher mit den Maßen 20 × 21 cm, die einmal zur Hälfte und dann noch zweimal gefaltet wurden.

Material:

- stabiler Stoff mit den Abmessungen 15 × 21 cm

So wird die Taschentüchertasche genäht:

1. Den Stoff mit der linken, nicht so schönen Seite nach oben ausbreiten.

2. Die Ränder der kurzen Seiten jeweils 1 cm weit nach innen umschlagen, mit Stecknadeln fixieren und mit einem Zickzackstich festnähen.

3. Das Rechteck wenden (die schöne Seite nach oben legen).

4. Die Enden der kurzen Seiten so übereinanderlegen, dass sie sich 4 cm überlappen. Dabei darauf achten, dass links und rechts von der Überlappung gleichmäßig viel Stoff liegt. Den Stoff mit Stecknadeln in dieser Position sichern.

2.

4.

5.

5. Die Öffnungen oben und unten mit einem Nahtabstand von 1 cm zusammennähen. Das Nähstück wenden, und schon ist die Taschentüchertasche fertig! Durch die Öffnung lässt sich ein Taschentücherstapel hineinschieben. Die überlappende Öffnung sorgt dafür, dass die Taschentücher geschützt sind – einen umständlichen Verschluss kannst du dir sparen.

Die passenden Papiertaschentücher gibt es im Kartonspender zu kaufen. Für die typischen Abmessungen die Tücher einmal in der Mitte, dann noch zweimal in die andere Richtung mittig falten.

smarticular.net/taschentuechertasche-naehen

Kulturbeutel

Dieser selbst genähte Kulturbeutel wird aus einem ausgedienten Gästehandtuch hergestellt und ist auch für Anfänger einfach zu nähen.

smarticular.net/kulturbeutel-naehen

Material:

- Frotteehandtuch, ca. 30 × 50 cm groß (Gästehandtuch)
- Kordel, etwa 40 cm lang

So wird daraus ein Kulturbeutel:

1. Das Handtuch hochkant ausbreiten, sodass der Aufhänger nach vorn und oben zeigt.

2. Die untere Kante des Handtuchs 10–15 cm nach oben umschlagen und die Seiten mit Stecknadeln feststecken.

3. Die Kordel oder das Band in der Mitte falten und mit dem gefalteten Ende an einer Seite des Handtuchs etwa 1 cm weit zwischen die beiden Lagen schieben und feststecken.

4. Die hochgeschlagene Handtuchkante links und rechts mit etwa 0,5 cm Abstand vom Rand festnähen und damit gleichzeitig die Kordel beziehungsweise das Band befestigen.

5. Mit weiteren Nähten mehrere am besten unterschiedlich breite Fächer abnähen. Verwende beispielsweise die Dinge, die du normalerweise in deinem Kulturbeutel transportierst, um Maß zu nehmen.

6. Zum Schluss die Enden der Kordel durch Knoten vor dem Ausfransen schützen. Falls das Handtuch keine Aufhängeschlaufe hat, empfiehlt es sich, eine Schlaufe aus dem gleichen Band an der oberen Kante anzunähen.

Und schon ist dein neuer plastikfreier Kulturbeutel einsatzbereit. Zum Transport schlage den oberen Rand der befüllten Tasche nach innen um, rolle den Beutel von der Seite her auf und binde ihn zu. Die geöffnete Tasche lässt sich an der oberen Schlaufe praktisch aufhängen.

Tipp: Aus einem halben Geschirrtuch lässt sich ein ähnliches Täschchen für Stifte nähen.

Kosmetikpads

Wiederverwendbare Kosmetikpads vermeiden Müll und sind aus Stoffresten einfach herzustellen. Feine Stoffreste, zum Beispiel von alten Hemden und T-Shirts, eignen sich für die weichere Seite der Pads. Frotteehandtücher oder Geschirrtücher sind ideal für den Peeling-Effekt der zweiten Seite. Für eine hygienische Reinigung wähle am besten solche Stoffe, die bei 60 °C, besser 90 °C waschbar sind.

Als Schablone für runde Pads dient ein Glas mit circa 7–8 cm Durchmesser. Eckige Pads mit einer Größe von etwa 7 × 7 cm erfüllen den Zweck aber ebenso gut.

So werden die wiederverwendbaren Kosmetikpads hergestellt:

1. Für eine Schablone beziehungsweise Vorlage die gewünschte Form auf Papier vorzeichnen und ausschneiden.

2. Die Vorlage auf dem Stoff mit Stecknadeln feststecken und den Umriss sauber ausschneiden.

3. Ein Stück aus feinem und eines aus grobem Stoff mit Stecknadeln zusammenheften. Die schöne Seite des feinen Stoffs zeigt dabei nach außen.

4. Die beiden Teile mit einer Zickzack-Naht (zum Beispiel mit Stichweite 3 und Stichhöhe 1,5, siehe S. 18) zusammennähen.

🌐 smarticular.net/kosmetikpads-naehen

2.

3.

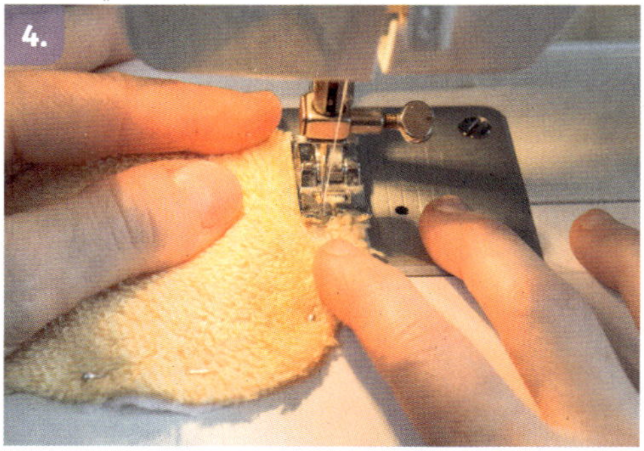
4.

Badteppich

Alte Handtücher lassen sich einfach zu einem dicken, saugfähigen Badvorleger upcyceln. Dafür brauchst du noch nicht einmal eine Nähmaschine.

Der runde Teppich aus dieser Anleitung hat einen Durchmesser von etwa 60 cm. Wenn er größer werden soll, brauchst du entsprechend mehr Handtücher.

Material:

- 3 ausgediente Badehandtücher/Duschtücher oder mehrere kleinere Handtücher
- Schere, Nadel und Faden

So gelingt der Badezimmerteppich:

1. Bei allen Handtüchern die Säume und Webkanten abschneiden. Dann den Frotteestoff der Länge nach in etwa 7 cm breite Streifen schneiden.

2. Die langen Schnittkanten eines Streifens nach innen falten, dann den Streifen nochmals in der Mitte falten, sodass die Schnittkanten innen liegen und ein dicker, schmaler Strang entsteht. Mit Stecknadeln fixieren. Zwei weitere Streifen auf diese Weise falten und fixieren.

3. Drei Streifen am oberen Ende mit einer Sicherheitsnadel fixieren und bei Bedarf mit einem Stück Schnur an einem Tischbein oder Ähnlichem anbinden. Dann die Stränge zum Zopf flechten und dabei die Stecknadeln entfernen.

4a.

4b.

5.

4. An die Enden der drei verflochtenen Handtuchstreifen mit wenigen Stichen jeweils einen weiteren Streifen mit 1 cm Überlappung annähen und wie in Schritt 2 falten. Weiterflechten und die Schritte 2 bis 4 wiederholen, bis ein etwa 6,5 m langer Zopf entstanden ist.

5. Den Handtuchzopf flach zu einer Schnecke aufrollen, sodass das Flechtmuster zu sehen ist. Dabei rundenweise vorgehen und das noch lose Ende mit der jeweils vorherigen Runde per Hand zusammennähen. Zum Schluss die Enden möglichst unsichtbar an der Unterseite vernähen.

Durch die mehrfachen Frotteelagen ist der Teppich besonders weich und saugfähig. Er kann bei Bedarf genauso wie die verwendeten Handtücher gewaschen werden.

smarticular.net/badteppich-flechten

Stilleinlagen

Selbst genähte, wiederverwendbare Stilleinlagen sind umweltfreundlich. Ihre Saugstärke, Form und Durchlässigkeit lassen sich ganz auf die persönlichen Bedürfnisse zuschneiden. Um ein Set der wiederverwendbaren Einlagen zu nähen, wird weniger als eine halbe Stunde Zeit benötigt.

Für besonders saugfähige Stilleinlagen empfiehlt sich bereits mehrfach gewaschener Stoff, zum Beispiel Moltonstoff, eine alte Moltonwindel, Frottee (für den Saugkern) oder Biber. Wenn du die Einlagen aus neuem Stoff nähst, wasche ihn am besten vor der Verarbeitung.

Ein wasserabweisender Stoff als äußere Schicht sorgt dafür, dass austretende Muttermilch nicht als Fleck auf der Kleidung sichtbar wird. Um wunde Stellen und Entzündungen an den stark beanspruchten Brustwarzen zu verhindern, ist jedoch eine ausreichende Luftzirkulation empfehlenswert.

Probiere am besten selbst aus, welche Variante für dich geeignet ist. Es ist auch möglich, wasserabweisende „Ausgeh“-Einlagen und luftigere für zu Hause zu nähen.

Material:

- Moltonstoff (je nach Größe bis zu 20 × 35 cm) für die zur Brust zeigende Seite
- ein altes Frotteehandtuch oder eine Moltonwindel als Saugkern
- Baumwoll-, Woll- oder PUL-Stoff (20 × 35 cm) für die Außenseite (Woll- und PUL-Stoff machen die Stilleinlagen weniger durchlässig für Feuchtigkeit)

Und so werden daraus Stilleinlagen:

1. Aus dem Stoff für die äußere Lage Kreise ausschneiden. Zum Vorzeichnen der Kreise eine Tasse oder einen Unterteller verwenden. Je nach Brustgröße und persönlichen Wünschen empfiehlt sich ein Durchmesser zwischen 11 und 16 cm. Nach dem Nähen und Versäubern sind die Einlagen etwa zwischen 10 und 15 cm groß.

2. Den Frottee- oder Moltonstoff für die innere Lage 1 cm kleiner ausschneiden als die Außenstoffe. So werden die Stilleinlagen zum Rand hin möglichst flach. Je nach Dicke des Stoffs und nach persönlichem Bedarf sind pro Einlage ein bis drei Lagen Stoff für den Saugkern empfehlenswert.

3. Die Stoffstücke in der richtigen Reihenfolge mittig übereinanderlegen: zuerst den Innenstoff mit der nach außen zeigenden Schicht nach unten, darauf die Saugschichten und zuletzt die nach außen zeigende Schicht mit der Außenseite nach oben. Mit drei bis vier Nadeln feststecken. Wenn du flache Stilleinlagen bevorzugst, brauchst du die Schritte 4 und 5 nicht umzusetzen.

4. Für leicht gewölbte Stilleinlagen ein schmales „Tortenstück" aus allen Stofflagen schneiden. Dafür jeden Stapel in der Mitte falten und entlang des Falzes einen Keil abschneiden.

5. Die Ränder der Einschnitte übereinanderlegen und feststecken, sodass sich die Einlagen leicht wölben. Von innen nach außen mit einem engen Zickzackstich zusammennähen.

6. Nun die Einlagen so zusammennähen, dass die Innenschichten ebenfalls befestigt werden. Dafür mit einem möglichst breiten und dichten Zickzackstich etwa 0,5 cm vom Rand entfernt entlangnähen. Den Stoff mit einem Saum zu vernähen, ist in diesem Fall weniger empfehlenswert, da sich ein mehrlagiger Rand durch die Kleidung abzeichnen würde.

7. Den Stoffrand möglichst nah an der Naht abschneiden, ohne sie zu beschädigen.

smarticular.net/stilleinlagen-naehen

Monatsbinde mit Druckknopf

Mit wiederverwendbaren Monatsbinden lässt sich viel Müll vermeiden. Außerdem wird Baumwollstoff oft besser vertragen als das Material von Wegwerf-Binden.

Für den Außenstoff der Binden eignen sich Stoffreste eines alten Hemds oder Geschirrtuchs. Als Einlage ist saugfähiger Stoff wie Molton, Flanell oder Frottee ideal. Alle Stoffarten sind am besten bei 60 bis 90 °C waschbar.

Diese Variante einer Stoffbinde hat links und rechts kleine Flügel. Sie werden nach dem Einlegen in den Slip nach unten geklappt und auf der Unterseite mit einem Druckknopf verschlossen, damit die Binde nicht verrutscht.

Benötigtes Material:

- dünner Baumwollstoff, etwa 30 × 40 cm groß (für eine kleine Binde reichen auch 25 × 30 cm)
- dickerer, saugfähiger Baumwollstoff, 8 × 28 cm groß (7 × 22 cm)
- 1–2 Druckknöpfe, entweder zum Annähen oder zur Befestigung mittels Druckknopfzange

So gelingt die Binde mit Flügeln:

1. Das Schnittmuster (S. 198) abzeichnen oder unter *smarticular.net/stoffbinden-naehen* herunterladen und in der passenden Größe doppelt ausdrucken und ausschneiden – einmal entlang der durchgezogenen Linie für den Außenstoff, einmal entlang der gestrichelten Linie für den Saugkern.

2. Den Außenstoff in der Mitte falten. Das Schnittmuster auf den Stoff legen und am besten mit Stecknadeln befestigen. Mit einem auswaschbaren Stift nachzeichnen und entlang der Linie ausschneiden. So werden mit einem Arbeitsschritt Ober- und Unterseite gleichzeitig ausgeschnitten.

3. Das Schnittmuster für die Einlage auf dem Molton- oder Frotteestoff befestigen und diesen ebenfalls zuschneiden.

4. Die beiden äußeren Stofflagen mit den Außenseiten aufeinanderlegen und rundherum mit 0,5 cm Abstand zum Rand zusammennähen. Die Seite eines Flügels offen lassen. Wenn du eine symmetrische Optik bevorzugst, lass gern beide Flügelseiten offen.

5. Den Einlagestoff auf den Außenstoff der Binde legen und alles zusammen „auf rechts" krempeln. Dabei ist es hilfreich, den Füllstoff mit farblich hervorstechendem Garn grob an eine Lage des Außenstoffs zu heften (S. 15) und den Heftfaden nach dem Wenden wieder zu entfernen.

6. Die Füllung rundherum mit 0,5 cm Abstand vom Rand durch alle Schichten hindurch festnähen.

7. Die offenen Ränder der Flügelseite(n) nach innen klappen und zunähen.

8. Die Druckknopfhälften auf gleicher Höhe der gegenüberliegenden Flügel mit 0,5 cm Abstand zum Rand festnähen oder mit einer Nietenzange (je nach Herstellerangaben) befestigen.

smarticular.net/stoffbinden-naehen

Monatsbinde mit Steg

Wenn dir eine Binde ohne Druckknopf lieber ist, probiere doch mal eine besonders simple Art der Befestigung. Der eine Teil dieser Binde wird dafür im Slip platziert, der Steg um den Slip herumgeführt und der zweite Bindenteil oben auf den ersten gelegt. Diese Form namens „Hela“ wurde von *Kulmine* entwickelt und zur privaten Nutzung freigegeben.

Material:

- dünner Baumwollstoff, etwa 30 × 60 cm groß (für eine kleine Binde 25 × 50 cm)
- saugfähiger Baumwollstoff wie Molton, Flanell oder Frottee, etwa 16 × 28 cm (14 × 22 cm)

So geht's:

1. Schnittmuster (S. 198) abzeichnen oder unter smarticular.net/stoffbinden-naehen herunterladen, doppelt ausdrucken und ausschneiden – einmal entlang der durchgezogenen Linie für den Außenstoff, einmal entlang der gestrichelten Linie für den Saugkern.

2. Den Außenstoff einmal längs und einmal quer zu vier Lagen falten. Das Schnittmuster mit der Stegseite an den Falz des Stoffes legen und am besten mit Stecknadeln befestigen. Mit einem auswaschbaren Stift nachzeichnen und entlang der Linie oder gleich an der Papierform entlang ausschneiden. Beim Aufklappen des ausgeschnittenen Stoffes ergeben sich zwei H-Formen.

3. Den Innenstoff ebenfalls doppelt legen und entlang des Schnittmusters ausschneiden, sodass zwei Einlagen entstehen.

4. Die beiden Außenstoffe mit den Außenseiten aufeinanderlegen und rundherum mit 0,5 cm Abstand zum Rand zusammennähen. Eine Seite des Stegs zum Wenden offen lassen.

5. Den Innenstoff auf die beiden „Beine" der H-Form legen und eventuell mit Stecknadeln befestigen. Auf rechts wenden und alle Stecknadeln entfernen.

6. Die Füllung rundherum mit 0,5 cm Abstand vom Rand durch alle Lagen hindurch festnähen.

7. Die offenen Ränder des Stegs nach innen klappen und zunähen.

Diese Binde ist durch ihre doppelte Einlage besonders saugfähig. Bei Bedarf kann eine frische, trockene Seite nach oben gefaltet werden.

Selbst genähte Binden variieren

Um deine Binden noch individueller zu gestalten, lassen sich weitere Veränderungen während der Herstellung vornehmen:

- Die Länge deiner Binde kannst du ganz nach Wunsch zuschneiden. Beachte dabei, dass sowohl Außen- als auch Innenlage gleichmäßig gekürzt oder verlängert werden.

- Eine besonders saugfähige Binde entsteht, wenn für die Füllung mehrere Stofflagen verwendet werden.

- Für eine dünne Slipeinlage verwende nur einen ganz dünnen Saugkern oder lass ihn ganz weg.

- Je nach Zwickelbreite des Slips empfiehlt es sich, den Steg der doppelten Binde etwas zu kürzen oder zu verlängern. Dafür das Schnittmuster beim Zuschneiden des Stoffes etwas über den Falz überstehen lassen oder weiter zur Stoffmitte hin platzieren beziehungsweise bei der Druckknopf-Variante die beiden Flügel individuell kürzen oder verlängern.

smarticular.net/stoffbinden-naehen

Socken-Seifensäckchen

Viele kleine Seifenreste lassen sich in einem Seifensäckchen aus einer übrig gebliebenen Socke aufbrauchen. Stecke die Seifenreste in die Socke und binde diese oberhalb der Seife mit einem Knoten oder mittels einer Kordel zu. Seifensäckchen schäumen schneller auf als große Seifenstücke und lassen sich zudem in der Dusche als Duschgel-Ersatz an der Kordel aufhängen.

Seifensäckchen aus Frottee

Auch aus einem Stück eines alten Frotteetuchs lässt sich ein Seifensäckchen herstellen: Ein quadratisches Stück Frotteestoff zurechtschneiden, in dessen Mitte die Seifenreste legen, alle vier Ecken nach oben ziehen und den Stoff über der Seife wie bei einem Geschenkpäckchen mit einer Kordel zusammenbinden – fertig!

Haushalt

1.

Lavendelsäckchen

Eine duftende Alternative zu Mottenpapier und Mottenkugeln aus dem Handel sind Lavendelsäckchen aus Stoffresten. Sie werden mit getrocknetem Lavendel befüllt.

3.

Material:

- Stoffstück à etwa 13 × 20 cm, zum Beispiel Reste eines alten Hemdes
- Kordel oder Paketschnur, etwa 40 cm lang, z. B. ein ausgedienter Schnürsenkel oder auch Textilgarn
- etwa drei Esslöffel getrocknete Lavendelblüten oder zerkleinerte Blütentriebe

So wird das Lavendelsäckchen genäht:

1. Den Stoff mit der Innenseite nach oben ausbreiten. An einer der langen Seiten einen etwa 3 cm breiten Streifen umschlagen und feststecken oder umbügeln. Den Umschlag 1 cm entfernt vom Stoffrand mit geradem Stich festnähen.

2. Den Stoff quer falten mit der Innenseite nach außen. Das Band mittig falten und so zwischen die Stoffschichten legen, dass eine Schlaufe an der offenen Seite etwa auf Höhe der Quernaht einige Millimeter herausragt.

3. Den Boden und die offene Seite ebenfalls mit 1 cm Abstand zum Rand zunähen. Dabei das Band mit festnähen. Das fertige Säckchen auf die rechte Seite wenden.

4. Das Säckchen locker mit Lavendel füllen. Anschließend die Enden der Schnur ein- bis zweimal straff um die Oberkante des Beutels wickeln, damit nichts herausrieselt, und zum Schluss eine Schleife binden.

Deponiere das fertige Lavendelsäckchen im Kleiderschrank, um Kleidermotten fernzuhalten. Mit der Schnur lässt es sich auch an einem Kleiderbügel aufhängen.

Tipp: Für das Säckchen eignen sich je nach Größe der Stoffreste auch andere Formate. Am besten ist der Stoff etwas breiter als hoch und der fertige Beutel mindestens 9 × 16 cm groß.

smarticular.net/lavendelsaeckchen

Staubwedel

Mit einem selbst genähten Staubwedel anstelle der Einweg-Bezüge des *Swiffer Staubmagnets* lässt sich viel Abfall sparen. Geeignet dafür sind ausgediente Wolldecken, Wollstoff sowie Stücke von Flanell, Biber oder Molton. Die langen Fasern dieser (Natur-)Stoffe laden sich elektrostatisch auf und ziehen den Staub wie ein Magnet an. Dank der weichen Struktur werden selbst empfindliche Oberflächen wie Glas oder Holz schonend gereinigt.

Material:

- Handteil eines Swiffer Staubmagneten
- 4 große Zuschnitte à 23 × 19 cm aus weichem, angerautem Stoff
- 4 kleine Zuschnitte à 19 × 19 cm aus dem gleichen Material

So wird's gemacht:

1. Das Handteil mittig zwischen zwei großen Stoffzuschnitten positionieren. Den Stoff mit Stecknadeln feststecken und mit einem Stift die Umrisse der Gabel darauf nachzeichnen. Die Gabel wieder herausziehen.

2. Mit einem geraden Stich entlang der Markierung nähen. Falls das Handteil bei einer Anprobe noch zu locker sitzen sollte, eine zweite, engere Naht hinzufügen, bis der Bezug nicht mehr verrutscht. Den Griff wieder entfernen.

3. Von vorn einen kleinen Stoffzuschnitt mittig mit Stecknadeln feststecken, von hinten – ebenfalls mittig – nacheinander zwei kleine, zwei große und noch einen kleinen Zuschnitt feststecken. Alle acht Stoffschichten mit einem geraden Stich senkrecht zwischen den beiden Gabelzinken zusammennähen.

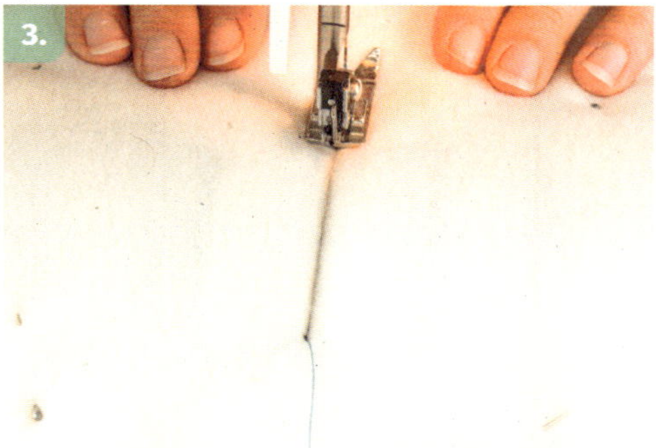

Tipp: Mit ein wenig handwerklichem Geschick lässt sich auch ein plastikfreier Ersatz für das Swiffer-Handteil anfertigen, zum Beispiel gebogen aus einem Drahtkleiderbügel oder aus einem Vierkantholz.

4. Die gesamte Arbeit wenden. Zwei der nun oben liegenden Stoffschichten wie ein Buch zusammenklappen, alles zur Seite drehen und die zusammengeklappten „Buchseiten" etwa 1 cm vom Falz entfernt mit geradem Stich zusammennähen (dieser Schritt ist optional – mit der zusätzlichen Naht behält der Wedel noch besser seine bauschige Form).

5. Einzelne oder übereinanderliegende Stoffschichten an den Längsseiten in etwa 1 cm breite Fransen schneiden, bis der Stoff von allen Seiten komplett eingeschnitten ist. Die Gabel wieder einstecken und vor der Verwendung etwaige Flusen über dem Mülleimer ausschütteln.

Jetzt ist die Swiffer-Alternative einsatzbereit für das Abstauben von Möbeln, Lampen, Heizkörpern oder technischen Geräten!

Nach jeder Benutzung wird der selbst genähte Staubwedel am besten über einem Mülleimer oder draußen ausgeklopft und von Zeit zu Zeit – je nach Material – per Hand oder in der Maschine gewaschen. Nach dem Trocknen aufschütteln, damit sich die Fasern wieder aufstellen.

smarticular.net/staubmagnet

Mehrweg-Müllsack

Je nach Wohnsituation ist ein selbst gemachter wiederverwendbarer Müllsack für Altpapier oder Plastikmüll eine zeit- und plastiksparende Alternative: Man leert ihn aus, deponiert ihn im Briefkasten, geht seiner Wege, und bei der Rückkehr nimmt man ihn wieder mit in die Wohnung.

Für den Müllsack eignet sich am besten Stoff, der sich aus Hygienegründen bei höheren Temperaturen (60 oder 90 °C) waschen lässt, zum Beispiel alte Bettlaken oder Bettbezüge.

Material:

- 1 altes Bettlaken oder alter Bett- oder Kissenbezug

So wird der Müllbeutel genäht:

1. Um Höhe und Breite des Müllbeutels zu ermitteln, die Höhe des jeweiligen Behälters abmessen und 10 cm addieren. Dann den Umfang des Behälters abmessen und 6 cm addieren.

2. Ein Stoffstück in den ermittelten Abmessungen aus dem Laken oder Bezug schneiden (der fertig gesäumte Rand eines Lakens kann dabei gleich als Saum für die Beutelöffnung dienen).

3. Für Transportgriffe zwei Streifen à 20 × 10 cm Stoff zuschneiden.

4. Das große Stoffstück in der Mitte falten (die rechte, schöne Seite liegt innen). Zwei unversäuberte Kanten (eine kurze und eine lange) mit Stecknadeln zusammenheften und etwa 1 cm vom Rand entfernt zusammennähen.

5. Mit einem breiten Zickzackstich die Kanten versäubern (S. 18).

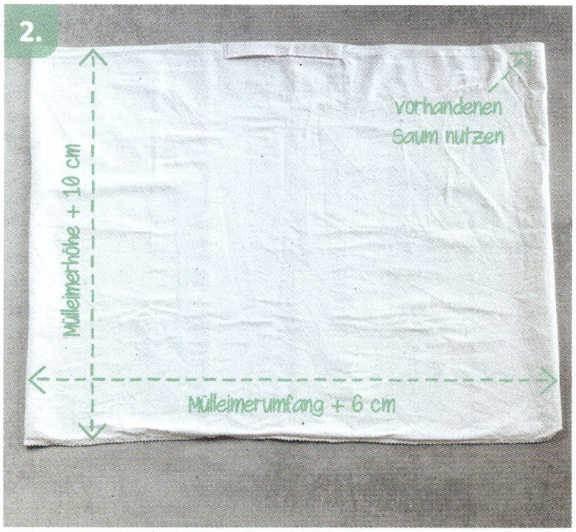

6. Wenn Webkante oder Saum nicht für die Öffnung genutzt werden konnten, wird diese Kante ebenfalls gesäumt. Dazu den oberen Rand zweimal mit einer Breite von 2 cm umschlagen, mit Stecknadeln feststecken und mit einem Steppstich knapp entlang der umgeschlagenen Kante festnähen.

7. Für die Griffe die langen Kanten der Stoffstreifen nach innen falten, sodass sie in der Mitte aneinanderstoßen, und am besten durch Bügeln fixieren. Nun den Streifen der Länge nach in der Mitte falten. An der offenen, langen Seite mit Stecknadeln heften und mit geradem Stich zusammennähen.

8. Den Müllbeutel auf die rechte, schöne Seite wenden und glatt auf die Arbeitsfläche legen. An der Öffnung auf beiden Beutelseiten jeweils in der Mitte mit einem Stift kennzeichnen, wo die Griffe angebracht werden sollen.

9. Die Stoffgriffe parallel zum Rand auf den Saum legen und die Enden mit einem breiten, kurzen Zickzackstich an den Beutelrand nähen. Dabei darauf achten, dass die Nadel auf der einen Seite des Zickzackstichs durch den Stoff von Griff und Beutel sticht und auf der anderen Seite nur den Stoff des Beutels fasst. Auf diese Art sind die Kanten der Griffe gleich mit versäubert. (Das ist sicher nicht die feinste Art, einen Taschengriff zu versäubern, aber es handelt sich um einen Müllsack, der eher funktional als schick sein soll.)

Jetzt ist dein wiederverwendbarer Müllsack fertig! Hänge ihn in den Sammelbehälter wie einen herkömmlichen Müllbeutel. Da die Griffe parallel zum Saum angenäht wurden, sieht man sie erst, wenn man sie braucht.

smarticular.net/muellsack-naehen

Staubsaugerbeutel

Staubsaugerbeutel bestanden früher aus Pappe und Papier, doch immer mehr Hersteller gehen dazu über, die Helfer aus Plastik herzustellen, das nach einmaligem Gebrauch im Müll landet. Eine plastikfreie, wiederverwendbare Alternative ist aber durchaus machbar.

Für den Beutel eignet sich am besten gewebter Baumwollstoff. Je nachdem, wie dicht der Stoff gewebt ist, reichen zwei Lagen, um möglichst wenig Staub durchzulassen. Alte Bettwäsche mit hoher Fadendichte eignet sich beispielsweise sehr gut. Wer auf Nummer sicher gehen möchte, arbeitet mit drei Lagen Stoff.

Material:

- alter Staubsaugerbeutel als Schnittvorlage
- 1 Stück Pappe für den Schnitt à etwa 40 × 40 cm
- 1 kleines Stück Pappe für die Halterung an der Öffnung im Beutel, etwa 10 × 10 cm
- 2–3 Stücke Baumwollstoff à etwa 50 × 80 cm
- 1 Reißverschluss für den Beutelverschluss, 15–20 cm

3.

4.

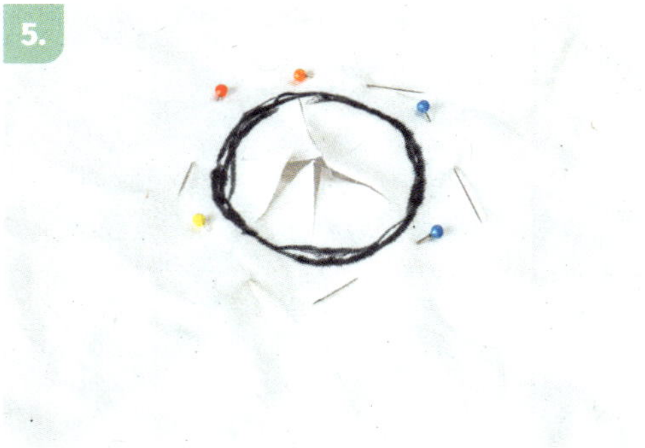
5.

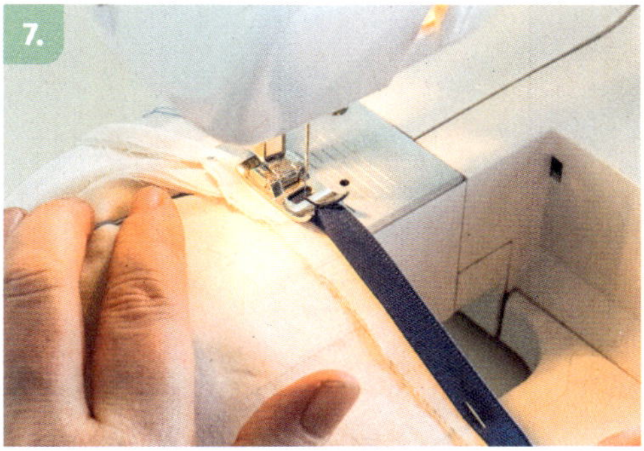
7.

So nähst du den Staubsaugerbeutel:

1. Gebrauchten Staubsaugerbeutel gegebenenfalls leeren und die Ränder so auftrennen, dass das Material eine zusammenhängende Fläche ergibt. Wenn du einen Beutel hast, der nur aus einem doppelt gelegten Rechteck besteht, brauchst du nur die Hälfte des Beutels mit der Öffnung für das Luftrohr. Die Papp- oder Plastik-Verbindungsplatte vorsichtig ablösen, sie wird noch gebraucht.

2. Schablone anfertigen: Den alten Staubsaugerbeutel glatt auf das Pappstück legen. Den Umriss des Beutels auf die Pappe übertragen und ausschneiden. Die Öffnung für das Luftrohr an der entsprechenden Stelle in der Schablone einzeichnen und ebenfalls ausschneiden. Mit dieser Schablone gelingt es dir nun jederzeit, weitere Staubsaugerbeutel zu nähen.

3. Zwei oder drei Stofflagen übereinanderlegen, die Schablone auflegen und den Umriss auf den Stoff übertragen. Für einen rechteckigen Beutel die Stofflagen zur Hälfte falten und die Schablone so auflegen, dass eine Seite am Stoffbruch liegt (spart eine Naht).

4. Den Stoff mit 1 cm Nahtzugabe zur gezeichneten Linie ausschneiden.

5. Für die Öffnung für das Luftrohr innerhalb des eingezeichneten Kreises von der Mitte aus sternförmig bis kurz vor die Linie einschneiden.

6. Die Kanten der Stoffstücke (alle Lagen auf einmal) mit Nadeln fixieren und die Nähte mit geradem Stich (je nach Stoff Stichlänge 2–3) etwa 1 cm von der Kante entfernt schließen. Wer besonders stabile Nähte haben möchte, durch die noch weniger feiner Staub entweicht, vernäht die Nähte doppelt. Eine Naht an der kürzeren Seite des Beutels offen lassen für den Reißverschluss.

7. Die Kanten der offenen Seite etwa 0,5 cm nach außen umschlagen und bügeln (der Beutel ist immer noch auf links gedreht). Den Reißverschluss öffnen und die erste Hälfte so an die Bügelkante der einen Seite stecken, dass der Zipper innen liegt, dann festnähen. Dabei hilft ein spezielles Reißverschlussfüßchen oder auch die Funktion, die Nähmaschinennadel fest links oder rechts von der Mitte zu positionieren.

8. Die zweite Hälfte des Reißverschlusses ebenso auf die Bügelkante der anderen Seite nähen. Wenn die gesamte Kante des Stoffbeutels länger ist als der Reißverschluss, die verbleibenden Lücken bis zu den Ecken mit einer Naht schließen.

9. Für den Pappring das Loch in der Papp- oder Plastikhalterung des alten Beutels auf das kleinere Stück Pappe übertragen und im Abstand von etwa 1 cm nach außen einen zweiten Kreis zeichnen, sodass sich ein Ring ergibt. Den Ring ausschneiden.

10. Den Pappring auf die runde Beutelöffnung legen. Die Stoffspitzen durch den Ring ziehen und per Hand mit Nadel und Faden an der Scheibe festnähen, wie im Bild zu sehen. Den Beutel wenden.

11. Die alte Papp- oder Plastikhalterung auf die Öffnung legen (der Pappring befindet sich nun innen) und festnähen, wie auf dem Bild zu sehen. Dabei den Pappring mit einnähen. Alle Fadenenden vernähen und den Reißverschluss schließen.

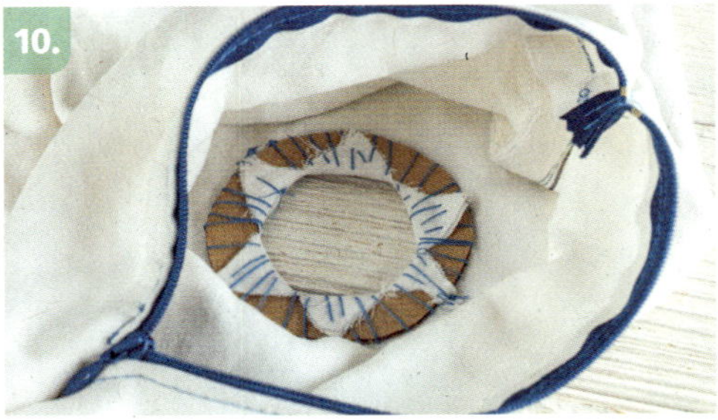
10.

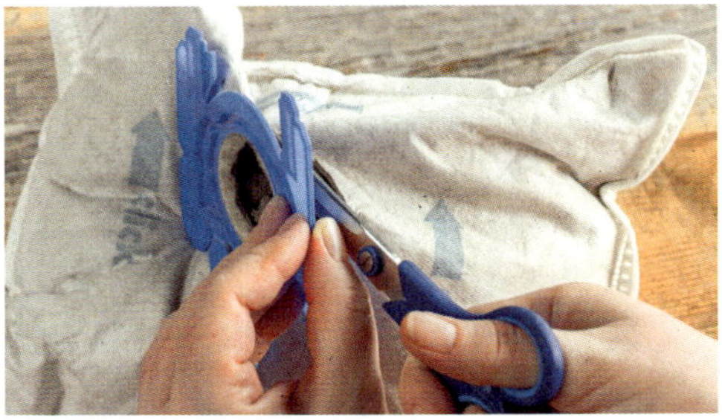

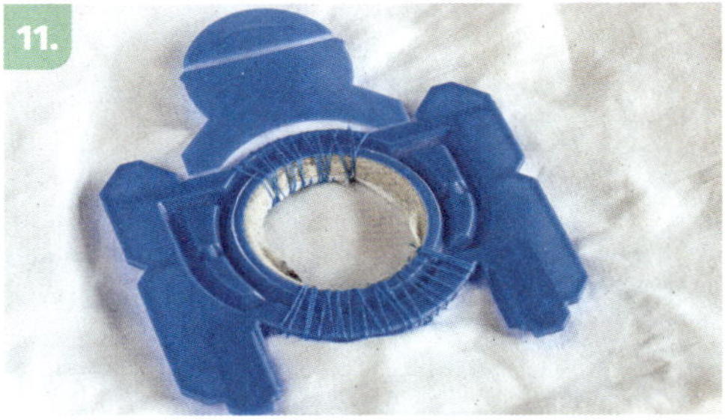
11.

Setze den Mehrwegbeutel wie gewohnt in den Staubsauger ein. Mit einem eingenähten Ring aus Pappe ist er nicht maschinenwaschbar. Eine vorsichtige Handwäsche des auf links gedrehten Beutels unter Aussparung der runden Öffnung funktioniert jedoch gut. Heißes Bügeln nach dem Trocknen tötet Bakterien und Milben zusätzlich ab.

Tier- und andere Haare und der meiste grobe Staub verbleiben auch in einem selbst gemachten Staubsaugerbeutel sicher verwahrt. Die selbst gemachte Lösung ist allerdings nicht für Menschen mit Hausstauballergie geeignet, die besonders feine Filterbeutel sowie spezielle Filtersysteme in ihren Geräten benötigen, um von Allergenen verschont zu bleiben.

smarticular.net/staubsaugerbeutel-naehen

Sockenmanschetten für Gläser und Flaschen

Überzählige oder löchrige Socken lassen sich prima als Schutz für helle Glasbehälter weiterverwenden. Wenn du einfach den Fußteil abschneidest, die Schnittkante nach innen schlägst und sie mit ein paar Stichen festnähst, dann sind die Sockenmanschetten schon fertig und können über das Glas gezogen werden. Hier ein paar Verwendungsideen:

Lichtschutz: Die Sockenmanschetten schützen lichtempfindlichen Inhalt wie selbst gemachte Pflegeprodukte oder getrocknete Pflanzenteile effektiv vor Sonneneinstrahlung.

Isolierung für Getränkeflaschen: Getränke in einfachen Trinkflaschen bleiben länger kalt oder warm, wenn die Flasche mit einer (dicken) Sockenmanschette überzogen wird.

Klapper- und Bruchschutz: Beim Transport vieler Glasgefäße (zum Beispiel zum Picknick) bietet es sich an, diese jeweils mit einer Sockenmanschette zu versehen. Dann klappert es nicht in Korb oder Tasche, und die Gefahr von Glasbruch ist geringer.

Sockenbälle

Aus vereinsamten, löchrigen oder zu klein gewordenen Kinderstrümpfen, aber auch aus Erwachsenensocken lassen sich ganz leicht nützliche Sockenbälle machen. Sie eignen sich zum Beispiel als Spielzeug, zum Jonglieren, als Apportierbälle für Hunde in der Wohnung, für Katzen als Catnip Bag (S. 105) oder als Trocknerbälle im Wäschetrockner, die für weiche Wäsche sorgen.

Die Sockenbälle herzustellen, dauert nicht lange und ist so einfach, dass auch Kinder mitbasteln können. Je nach der Größe der verwendeten Socken ergeben sich unterschiedlich große Exemplare. Je nach Verwendungszweck lassen sie sich weicher oder fester wickeln.

Material:

- ausgediente oder zu klein gewordene Socken und Strümpfe

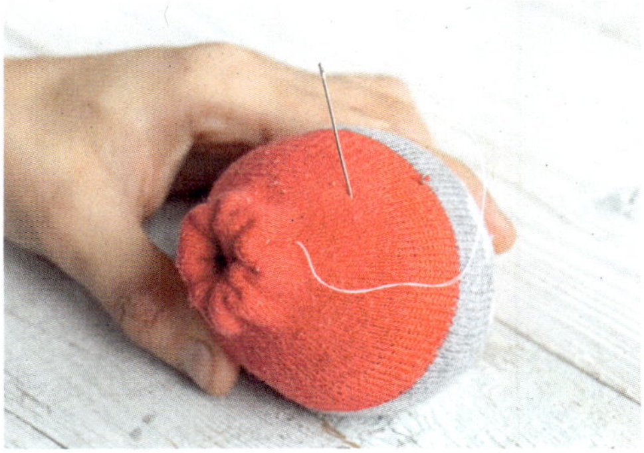

So wird's gemacht:

1. Eine Socke zusammenrollen.

2. Die gerollte Socke in eine andere Socke hineinstecken und bis ganz vorn in den Zehenbereich schieben.

3. Die äußere Socke dicht über der inneren Socke zusammendrehen und nach außen umstülpen. Wenn die äußere Socke noch lang übersteht, diesen Vorgang wiederholen.

4. Die entstandene Sockenkugel erneut in eine Socke stecken und Schritt 3 wiederholen, bis der Sockenball groß genug ist.

Nun ist der Sockenball auch schon einsatzbereit. Wenn die äußere Socke straff sitzt, hält das Sockenbündchen die Kugel gut in Form. Für einen besseren Halt und eine schönere Optik kann die Öffnung des Sockenballs jedoch auch mit einem Steppstich von Hand vernäht werden.

smarticular.net/sockenball

Zerr- und Wurfspielzeug

Für ein nachhaltiges, plastikfreies Zerr- und Wurfspielzeug für einen Hund (einen sogenannten Zergel) lassen sich alte, ausgemusterte Kleidungsstücke, Handtücher oder Bettbezüge verwenden.

Die Stoffe sind am besten so groß, dass daraus Streifen von mindestens 1 m Länge geschnitten werden können. Zudem empfiehlt es sich, zum Flechten des Zergels Stoffstreifen mit etwa gleicher Dicke zu verwenden, damit ein gleichmäßiger Zopf entsteht.

Material:

- Stoffreste (abgenutzte Kleidung, Handtücher)
- Tütenclip, Haarspange, Haarband oder etwas Ähnliches zum Fixieren

2.

3a.

3b.

So gelingt der Zergel (hier am Beispiel eines abgetragenen Sweatshirts):

1. Den Stoff entlang der gestrichelten Linien schneiden, um möglichst lange, gerade Stücke zu erhalten. Für den Zergel werden drei Ärmel benötigt. Andere Textilien wie Decken, Bettwäsche o. Ä. in vergleichbare Streifen schneiden, die jeweils etwa fingerdick sind, wenn man sie zu einer Stoffwurst verdreht.

2. Eckige Schulterstücke der Ärmel zu einer Rundung schneiden, damit die Stoffstreifen gleichmäßig breit werden.

3. Die Stoffstreifen übereinanderlegen und mit einem Tütenclip oder etwas Ähnlichem auf etwa zwei Dritteln der Länge aneinanderheften. Das mittlere Drittel der Streifen von dort aus zu einem strammen Zopf flechten.

4. Den geflochtenen, mittleren Teil zur Hälfte umschlagen und jeweils zwei Streifen (von jedem Ende einen) zu einem zusammenlegen, sodass du wieder mit drei Streifen weiterflechten kannst.

5. So lange weiterflechten, bis der Stoff zu Ende oder der Zergel lang genug ist, und die Enden verknoten oder vernähen. Bei einem Knoten gut festziehen und gegebenenfalls die Enden etwas kürzen.

Schon ist das neue Hundespielzeug fertig, um deinem Vierbeiner Freude zu bereiten! Es eignet sich nicht nur hervorragend für Zerrspiele, sondern lässt sich dank des großen Knotens auch gut werfen und apportieren.

smarticular.net/zergel

Schnüffelteppich

Ein Schnüffelteppich, in dem kleine Leckereien versteckt sind, eignet sich ideal, um Hunde und Katzen zu Suchspielen anzuregen, bei denen sie ihre Nase intensiv einsetzen können.

Material:

- Stoffreste (Fleece-, Sweatshirt-, Filzstoff)
- Gummimatte mit Löchern (Anti-Rutsch-Matte, Abtropfmatte)

So wird der Schnüffelteppich gemacht:

1. Die Stoffreste in etwa 2–3 cm breite und 15–20 cm lange Streifen schneiden.

2. Jeden Streifen einzeln durch zwei Löcher der Matte ziehen, sodass beide Enden gleich lang sind, und auf der Oberseite verknoten.

3. Diesen Schritt wiederholen, bis die gesamte Matte gefüllt ist. Der Abstand der einzelnen Stoffstreifen ist nach Belieben wählbar. Je dichter die einzelnen Streifen stehen, desto schwieriger wird es für die Fellnase, die Leckerlies zu finden.

Wenn der Schnüffelteppich fertig ist, brauchst du bloß noch ein paar Leckerlies oder Trockenfutter zwischen den Streifen zu verstecken, und dein vierbeiniger Liebling kann anfangen, sie zu suchen.

smarticular.net/schnueffelteppich

Katzenangel

Katzen lieben es zu spielen! Umso schöner, dass sich eine Katzenangel aus einem Holzstab und einer Schnur sehr einfach selber machen lässt. Binde dazu einfach eine Schnur aus geflochtenem T-Shirt-Garn (S. 21) oder Stoffstreifen an einen Stock, knote optional noch ein Spielobjekt ans andere Ende der Schnur, und schon ist das Spielzeug fertig.

Catnip-Säckchen

In einem Spielzeug wie einem Catnip-Säckchen versteckt, regt der Geruch getrockneter Katzenminze große und kleine Katzen zum Spielen an.

Um ein Catnip-Säckchen selbst herzustellen, stopfe ein selbst gemachtes Säckchen wie das Lavendelsäckchen von Seite 90 mit etwas Füllmaterial aus, zum Beispiel Wolle, Watte oder Stoff. Darauf nur wenig Katzenminze (zum Beispiel getrocknet aus dem Garten) geben und fest verschließen.

Tipp: Ein Catnip-Spielzeug lässt sich auch leicht aus einem Sockenball (S. 100) machen.

Pflanztaschen

Mit Pflanztaschen, die sich vertikal aufhängen lassen, lässt sich der Platz auf dem Balkon und anderen Bereichen optimal nutzen, um Kräuter oder kleine Blumenstauden anzubauen.

Die Pflanztaschen werden zum Beispiel aus alten Jeans genäht und eignen sich vor allem für Pflanzen, die nicht viel Wasser brauchen. Sie sind außerdem so konzipiert, dass sie einfach einen kleinen Blumentopf mit Übertopf beherbergen können. Damit der Stoff das Gewicht der Töpfe samt Erde und Pflanzen aushält, sind kleinere Töpfe bis zu einer Höhe von 12 cm optimal.

Material:

- 1 Stück Jeans-Hosenbein à 22 × 19 cm
- 1 Stück Jeansstoff à 20 × 10 cm
- Kordel, etwa 3 m lang und 6 mm dick, um mehrere Taschen strickleiterartig aufzuhängen (lässt sich mit einer dicken Häkelnadel auch aus dünnerer Kordel als Luftmaschenkette herstellen)
- Rundstäbe, 25 cm lang, mit einem Durchmesser von circa 10–15 mm

2.

3.

5.

6.

Abhängig von der Höhe des Balkongeländers und der Höhe der Pflanzen lassen sich bis zu drei Pflanztaschen übereinander aufhängen.

So wird eine Pflanztasche genäht:

1. Das Hosenbeinstück auf links drehen und den Schlauch am unteren Ende mit einem geraden Stich zusammennähen.

2. Die Seitennähte der unteren Ecken, wie im Bild zu sehen, jeweils aufeinanderlegen und die entstehenden Dreiecke abnähen, sodass sich ein ungefähr quadratischer Boden ergibt. Den überflüssigen Stoff der abgenähten Dreiecke abschneiden.

3. Den oberen Stoffrand 2 cm weit nach außen umschlagen. Zuerst mit wenigen Millimetern Abstand zum umgeschlagenen Rand mit einem Zickzackstich festnähen. Mit einer zweiten Runde Zickzackstich wird der Stoffrand festgenäht und gleichzeitig versäubert. Ein doppelt genähter Rand verhindert auch vorzeitiges Ausleiern. Die Tasche wenden.

4. Für die Halteschlaufe das kleine Stück Jeansstoff der Breite nach falten, sodass ein Quadrat entsteht, dabei liegt die schöne Stoffseite innen. Die offenen Seiten links und rechts des Falzes mit einem geraden Stich zusammennähen. Das Stoffstück wenden.

5. Das Stoffstück zur Hälfte falten, sodass eine breite Schlaufe entsteht und das offene Ende hinten liegt. Die Enden der Schlaufe von außen an den Rand der Pflanztasche nähen.

6. Den Rundstab durch die Schlaufe schieben.

Vertikale Aufhängung für Pflanztaschen

Die Aufhängung sieht aus wie eine Strickleiter. Ihre Sprossen bestehen aus den Rundhölzern, die durch die Halteschlaufen der Pflanztaschen geschoben wurden. Um die Sprossen an den Seilen zu befestigen, dient ein einfacher Knoten oder ein Strickleiterknoten, wie auf den Fotos rechts zu sehen.

So entsteht die Aufhängung:

1. Kordel in zwei gleich lange Stücke (zum Beispiel 1,5 m) zerschneiden oder in der Mitte der Kordel eine Schlaufe knoten.

2. Die beiden Kordelenden parallel zueinander auf den Boden legen; ihr Abstand ergibt sich aus der Breite der Rundhölzer.

3. Eine der leeren Pflanztaschen mit etwas Abstand von den oberen Enden entfernt zwischen die Kordeln legen. Die Rundhölzer auf der gewünschten Höhe mit einem Knoten oder einem Strickleiterknoten links und rechts an den Kordeln befestigen. Weitere Taschen genauso anbringen.

Wenn du die Pflanztaschen mit einem Haken befestigst oder die oberen Kordelenden um die Balkonbrüstung schlingst, lassen sie sich nun mit Blumentöpfen befüllen.

smarticular.net/pflanztaschen

Wischbezug für Bodenwischer

Aus alten Handtüchern lassen sich im Handumdrehen neue Bezüge für den Bodenwischer schneidern. Dafür das Handtuch unter den Bodenwischer-Kopf legen und entlang der langen Außenkanten mit etwas Überstand abschneiden. Den Stoff an den kurzen Seiten so weit überstehen lassen, dass er wie beim Original umgeklappt und festgenäht werden kann. Orientiere dich dafür am besten am alten Bodenwischbezug. An den Längsseiten zusammennähen, und schon ist der neue Wischbezug nutzbar!

Für einen besonders dicken, saugfähigen Wischer lässt sich der Stoff auch doppelt oder sogar dreifach nehmen.

Sitzauflage

Verfilzte Wollpullover dienen als Sitzauflagen noch bestens als Isolierung gegen Kälte. Schneide dafür Stücke aus dem Pullover, die groß genug sind für die Sitzflächen von Stühlen und Hockern. Säumen ist nicht nötig, weil Filz nicht ausfranst.

Möbelgleiter

Möbelgleiter aus Filz schützen empfindliche Böden, wenn Möbelstücke oder Stühle verrückt werden. Schneide einfach kleine Kreise oder Rechtecke aus eingelaufenen und verfilzten Wollpullis und befestige sie mit Universalkleber an den Stuhl- oder Tischbeinen.

Zugluft-Schlange

Zugluftstopper für Türen und Fenster lassen sich einfach aus ausgedienten Strumpfhosen- oder Leggingsbeinen herstellen. Dazu einfach die Beine in der passenden Länge abschneiden und ein Ende des Schlauchs durch eine Naht oder einen Knoten verschließen. Den Schlauch mit Kirschkernen, Woll- oder Stoffresten füllen und die zweite Öffnung ebenfalls zunähen oder verknoten.

Noch hübscher wird der Zugluft-Stopper, wenn die Enden mit Bändern zugeknotet und mit Schleifen versehen werden. Optional lässt sich der Fußteil einer Strumpfhose zum Kopf einer Schlange umgestalten. Diese langen Schlangen sind auch bei kleinen Kindern als Spielzeug sehr beliebt.

Türstopper

Für einen einfachen Türstopper fülle eine verwaiste Socke mit Katzenstreu, Steinchen oder einem anderen schweren Material und verschließe sie mit einem Knoten. Damit ist der unkonventionelle Stopper auch schon einsatzbereit.

Schnittmuster: 2D-Plüschelefant

2D-Kuscheltier

Ein 2-D-Kuscheltier wird im einfachsten Fall mit nur einer einzigen Naht genäht. Für Form und Füllung eignen sich Stoffreste aus Naturfasern besonders gut. Zur Auswahl stehen Schnittmuster für einen Elefanten, einen Dackel und einen Dinosaurier (siehe Schnittmuster auf Seite 195 oder online unter *smarticular.net/2d-kuscheltier*).

Material:

- 2 Stoffstücke in DIN-A4-Größe oder mehrere kleinere Stücke, die für die einzelnen Teile laut Schnittmuster ausreichen
- farblich kontrastierendes Garn für die Augen und weitere Verzierungen
- klein geschnittene, weiche Stoffreste (zum Beispiel von einem alten T-Shirt), Wollreste, Dinkelspelz oder auch Füllwatte als Füllung
- Kordel, 10 cm lang, für den Schwanz des Elefanten

2.

4.

5.

6.

So wird der Kuschelelefant genäht (abweichende Schritte für den Dackel und den Dino findest du weiter unten):

1. Das Schnittmuster nachzeichnen oder ausdrucken und Körper und Ohren ausschneiden.

2. Die Papierschnitte mit der Vorderseite nach oben auf die Rückseite eines Stoffstücks legen und die Konturen nachzeichnen. Dann die Schnitte mit der Rückseite nach oben auf das andere Stoffstück legen und ebenfalls nachzeichnen. Alle Formen ausschneiden.

3. Die jeweils zusammengehörigen Ohrenteile mit den schönen Seiten nach innen aufeinanderlegen und mit Stecknadeln befestigen.

4. Die Ohren mit 1 cm Abstand zum Rand mit geradem Stich zusammennähen. An den geraden Kanten, an denen die Ohren an den Körper genäht werden, jeweils ein Stück von etwa 5 cm zum Wenden offen lassen.

5. Die Ohren wenden, die Stoffkanten der Wendeöffnung nach innen falten und die Ohren an den schönen Seiten des Körpers mit einem engen Zickzackstich annähen. Für die Position an der kleinen Zeichnung des Elefanten auf dem Schnittmusterbogen orientieren. Auf Wunsch den Elefantenkörper jetzt noch mit weiteren Details verzieren, zum Beispiel mit aufgenähten Zehennägeln.

6. Die Stoffteile für den Körper mit den schönen Seiten nach innen aufeinanderlegen. Für den Schwanz an beiden Enden der Kordel einen Knoten machen. Die Kordel am Elefanten-Hinterteil so zwischen die beiden Stoffteile legen, dass der Schwanz nach innen zeigt und nur der Knoten des einen Endes gerade eben noch herausschaut. Die Stoffteile samt Schwanz feststecken.

7. Den Elefantenkörper ebenfalls mit 1 cm Abstand zum Rand bis auf eine Wendeöffnung zwischen den Ohren zunähen.

8. Das Kuscheltier wenden und mit Stoffschnipseln, Füllwatte o. Ä. locker befüllen. Um die Beine und den Rüssel zu wenden und zu füllen, ein Essstäbchen oder einen Löffelstiel zu Hilfe nehmen.

9. Die Wendeöffnung per Hand mit dem Matratzenstich (S. 29) verschließen. Dabei für eine unsichtbare Naht die Stoffkanten nach innen falten und die Stiche möglichst weit innen ansetzen.

10. Augen und Mund nach Wunsch aus dickem Nähgarn von Hand aufsticken.

Abweichende Schritte für Dackel und Dino

Der Dackel wird mit seinen angenähten Schlappohren ebenso hergestellt wie der Elefant, nur der Schwanz ist gleich Teil des Körpers und wird nicht extra angenäht.

Der Dino ist noch einfacher herzustellen, denn er besitzt keine Ohren, die separat zugeschnitten und genäht werden müssten. Der Stachelkamm wird nach dem Zusammennähen und Wenden mit einer Naht vom Körper abgeteilt und nicht oder nur wenig gefüllt.

Das fertige Stofftier ist ein tolles, sehr persönliches und fast kostenloses Geschenk, das nicht nur kleinen Kindern Freude bereitet.

smarticular.net/2d-kuscheltier

1.

2.

So wird die Babyhose genäht:

1. Den Pullover wenden, sodass die Innenseite außen liegt. Die Ärmel, vom Bündchen aus gemessen, entsprechend der Beinaußenlänge plus 3 cm abschneiden. Die Ärmelnähte von der Schnittkante her so weit auftrennen, dass die verbleibenden Nähte der Beininnenlänge entsprechen.

2. Beide Ärmel an den aufgetrennten Nähten aneinandernähen, sodass sie zwei zusammenhängende Hosenbeine ergeben.

3. Die Schnittkante oben zunächst 1 cm umfalten, dann noch einmal 2 cm umfalten, feststecken und rundherum nah an der unteren Kante festnähen bis auf eine Öffnung von etwa 5 cm und die Hose wenden.

4. Mit einer Sicherheitsnadel ein Stück Wäschegummi durch den Saum ziehen, die Weite an den Bauch des Babys anpassen und das Band verknoten. Die Enden des Gummibandes nicht zu kurz abschneiden, damit sich die Weite der Hose bei Bedarf noch etwas vergrößern lässt.

Babyhose

Aus den Ärmeln eines Pullis lässt sich eine Babyhose nähen. Nimm dafür zunächst Maß – einmal an der Außenseite des Beins vom Fuß bis zur Hüfte und einmal an der Innenseite des Beins vom Fuß bis zur Windel bzw. bis zum Schritt. Nähe die Länge am besten etwas auf Zuwachs, damit sie eine Weile lang passt.

Material:

- 2 Ärmel eines alten Pullovers mit Bündchen
- Wäschegummi für den Bund

smarticular.net/babyhose-naehen

Kinderkleid

Ein nicht mehr benötigtes Hemd, das aus etwas dickerem, blickdichtem Stoff besteht, kann als hübsches Kinderkleidchen noch sehr gute Dienste leisten.

So gelingt's:

1. Am besten ein vorhandenes Kleid als Schnittmuster verwenden, vorzugsweise ein ärmelloses, untailliertes Hängerchen. Das Hemd faltenfrei auslegen und das Kleidchen so auf die Hemdvorderseite legen, dass die untere Kante mit dem Hemdsaum abschließt. Dann braucht das Kleid nicht neu gesäumt zu werden.

2. Die Umrisse mit einem auswaschbaren Stift mit 1 cm Nahtzugabe übertragen, Vorder- und Rückseite des Hemdes entlang der Schnittlinien aneinander feststecken und ausschneiden. Das Kleid auf links drehen.

3. Die Seiten des Kleidchens (bis auf die Armöffnungen) mit etwa 1 cm Abstand zur Kante zusammennähen. Die Nahtzugabe danach auseinanderbügeln.

4. Das Kleid an Arm- und Halsöffnung mit Schrägband (S. 21) einfassen. Dazu die offene Seite des Schrägbands etwa 1 cm weit über die Stoffkante des Ausschnitts schieben, feststecken und möglichst knapp an der Kante festnähen.

smarticular.net/kinderkleid-naehen

Kuschelkissen aus dem Lieblingsshirt

Aus alten Kinder- und Erwachsenen-Shirts gelingt es dir, tolle, persönliche Kissen zu nähen. Am einfachsten ist es, ein größeres T-Shirt oder Sweatshirt zu verwenden, dessen Front und Rücken für Vorder- und Rückseite der Kissenhülle ausreichen. Wie ein gleich großer Kissenbezug aus kleineren Shirts genäht wird, erfährst du im nächsten Projekt.

Der Kissenbezug aus dieser Anleitung ist nach dem Nähen 41 × 41 cm groß. Damit passt eine Standard-Kissenfüllung von 40 × 40 cm bequem hinein.

Material:

- altes T-Shirt oder Sweatshirt, mindestens 44 cm breit und 65 cm lang, ohne Ärmel und ohne den Bereich des Halsausschnitts gemessen

So wird die T-Shirt-Kissenhülle genäht:

1. Ein Quadrat à 43 cm × 43 cm für die Vorderseite ausschneiden. Motive werden darauf am besten mittig ausgerichtet.

2. Zwei Rechtecke à 43 cm × 31,5 cm aus dem gleichen Stoff für die Rückseite ausschneiden.

3. Um die beiden Teile für die Rückseite zu versäumen, jeweils eine lange Kante der Rechtecke um 1 cm zur Innenseite umschlagen und bügeln. Dann nochmals 1,5 cm umschlagen, wieder bügeln und den Saum knapp an der ersten Umschlagkante entlang festnähen.

4. Das Quadrat für die Vorderseite mit der schönen Seite nach oben auslegen. Dann zuerst das obere Rückenteil mit der Außenseite nach unten darauflegen (an der oberen Kante des Vorderteils angelegt), danach das untere Rückenteil (an der unteren Kante angelegt). Damit überlappen sich die beiden umgenähten Kanten in der Mitte um 15 cm.

5. Die Stoffstücke mit Wäscheklammern oder Stoffklammern aneinander befestigen (siehe auch die Tipps zur Verarbeitung von Jersey ab Seite 16). Mit 1 cm Abstand zur Kante rundherum zusammennähen.

6. Den fertigen Kissenbezug durch die sich überlappende Öffnung wenden und ein vorhandenes Innenkissen damit beziehen.

Jetzt ist das individuelle Erinnerungs-Kuschelkissen fertig zum Verschenken!

Tipp: Ein Innenkissen für das neue Kuschelkissen lässt sich auch leicht selbst nähen. Du brauchst dazu nur zwei Stücke Stoff mit den Maßen 42 × 42 cm und Füllmaterial wie beispielsweise Stoffreste, Getreidekörner oder Füllwatte. Wie das Innenkissen genäht und befüllt wird, erfährst du auf Seite 50 beim Projekt „Wärmekissen“.

Wenn du das Innenkissen selber nähst, kannst du auch ein beliebiges Format für den Kissenbezug wählen und dich zum Beispiel nach der Größe des Shirts richten. Der Stoff für das Innenkissen wird am besten immer 1 cm kleiner zugeschnitten als der für die Kissenhülle.

smarticular.net/t-shirt-kissen

2.

Kissen aus kleineren Stoffstücken

Auch die Motive kleinerer Kleidungsstücke lassen sich für selbst gemachte Kissen verwenden. Dazu ist es notwendig, sie wie in der folgenden Anleitung mit zusätzlichen Stoffstreifen einzurahmen, um auf eine Standard-Kissengröße von 41 × 41 cm zu kommen.

Beispiel: Für einen Kissenbezug ist ein Stück Shirt-Stoff von 28 × 28 cm vorhanden. 26 × 26 cm davon sind später sichtbar, denn auf jeder Seite fallen 1 cm breite Nahtzugaben an. Es fehlen also inklusive Nahtzugabe 9,5 cm breite Stoffstreifen an allen vier Seiten. Die Länge der Streifen beträgt 43 cm.

So gelingt die Kissenfront mit Rahmen:

1. Die Randstreifen aus dem Stoff des großen Shirts ausschneiden. Die Enden im 45°-Winkel zurechtschneiden. Dabei muss die lange Kante unverändert bleiben, in diesem Fall 43 cm.

2. Zwei Randstreifen mit den Außenseiten aufeinanderlegen und an den im 45°-Winkel zurechtgeschnittenen Kanten mit 1 cm Abstand zur Kante zusammennähen.

3. An das andere Ende eines Streifens den nächsten Stoffstreifen anlegen und wiederum mit 1 cm Abstand zur Kante zusammennähen.

4. Den vierten Streifen an den dritten und zum Schluss wiederum an den ersten annähen, sodass ein Stoffrahmen entsteht. Die Nahtzugaben in entgegengesetzter Richtung glatt bügeln.

5. Den Stoffrahmen mit der Außenseite nach oben um das Shirt-Quadrat mit dem Motiv legen. Die vier Rahmenseiten nacheinander nach innen auf das Quadrat klappen. Die Innenkanten des Rahmens, die jetzt auf den Außenkanten des Quadrates liegen, mit 1 cm Abstand zum Rand am Quadrat festnähen. Den Rahmen nach außen klappen und bügeln. Um das Kissen fertigzustellen, mit Schritt 2 der Anleitung im vorigen Projekt fortfahren.

smarticular.net/t-shirt-kissen

Handpuppen

Aus überzähligen Socken lassen sich kreative Handpuppen machen. Damit können auch andere Reste von Stoff, Wolle, Filz und vielem mehr gleich mitverwertet werden.

Folgende Materialien eignen sich für die Ausstattung der selbst gemachten Sockenpuppen:

- für Augen: Knöpfe, Perlen, Garn zum Besticken, weißer Stoff oder weißer Filz, schwarzer Stift für die Pupillen, eventuell Klebstoff zum Aufkleben

- für Nasen: dickes Garn zum Besticken, Knöpfe, Perlen, Woll-Pompons

- für Haare: Wollreste, Paketschnur, T-Shirt-Garn (S. 21)

- für Zungen: roter (Filz-)Stoff oder dicke rote Pappe

- für Schwänze: dicke Kordel, geflochtene oder gehäkelte Schnur aus T-Shirt-Garn oder Wolle

- für Kopfbedeckungen: Eierkarton (Hut), Stoffstücke (Bandanas), Pappe (Zylinder), Draht (Krönchen)

- für Ohren und Hörner: Pfeifenputzer, Draht, Pappe

- für Kleidung: verschiedene Stoffreste (z. B. für einen Umhang)

Alte Socken in Sockenmonster zu verwandeln, ist auch ein schöner Zeitvertreib mit Kindern und garantiert nach dem Basteln auch noch lange Spielspaß.

Ketten aus Sockenringen

Aus Socken, die in Ringe zerschnitten wurden, lassen sich Armbänder und Ketten machen. Verbinde die Ringe miteinander, wie im Abschnitt über Garn aus Sockenringen (S. 66) beschrieben. Wenn du dabei Perlen einfädelst, erhältst du kreative Sockenketten.

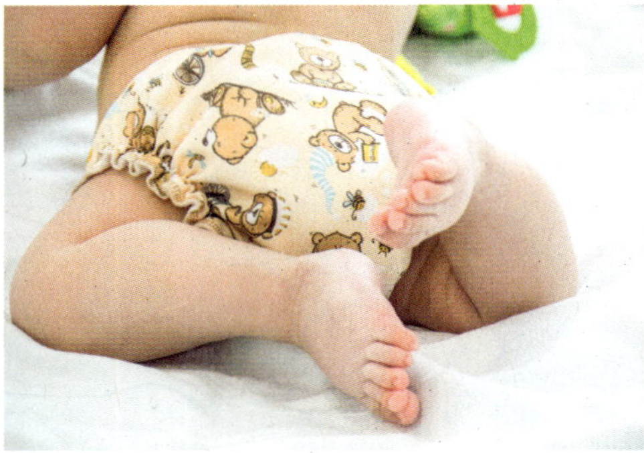

Windeleinlagen

Zwei zusammengenähte ovale Stücke eines Handtuchs ergeben eine saugfähige, waschbare Windeleinlage, ideal in Verbindung mit Mehrweg-Windelhöschen oder Stoffwindeln. Wenn du sie selbst nicht gebrauchen kannst, sind sie auch ein praktisches Präsent für werdende Eltern.

Babylätzchen aus einem Hemd

Lätzchen kann man nie genug haben, da die ersten Babymahlzeiten fast immer Spuren hinterlassen. Die Kragenpartie eines ausgedienten Hemdes eignet sich sehr gut dafür. Entferne dafür von dem Hemd zuerst den umgeklappten Teil des Kragens, sodass nur ein Stehkragen übrig bleibt. Schneide dann einen Latz aus dem oberen Schulter- und Rückenbereich sowie der Kragenkante samt oberstem Knopf auf die Maße deines Babys zurecht. Mit dem Rückenteil nach vorn gewendet, lässt sich der Kragenknopf als Verschluss im Nacken des Babys nutzen. Damit der Latz am Hals gut abdichtet, den Kragenknopf bei Bedarf noch etwas versetzen. Wenn der Latz auch optisch punkten soll, lassen sich die Kanten noch mit Schrägband (S. 21) einfassen.

Kinderlätzchen aus Handtüchern

Auch aus einem größeren Handtuch lassen sich mehrere kleine Lätzchen schneidern. Als Einfassung und Band zum Festbinden eignet sich selbst gemachtes Schrägband (S. 21) aus einem alten Hemd. Eine sehr einfache Alternative ohne Bändchen ist ein kleines Handtuch, in das in der Mitte ein Schlitz geschnitten wird, durch den der Kopf des Nachwuchses passt.

Kleidung

Schlauchschal

Für ein vielseitig verwendbares Schlauchtuch lässt sich ein altes T-Shirt upcyceln. Es gibt viele Varianten, einen Schlauchschal zu tragen, beispielsweise um den Hals, als Alternative zur Mütze, als Piratentuch, als Stirnband und sogar als Behelfsmundschutz.

Optimal geeignet ist dafür glatt rechts gestrickter Single-Jersey, dessen offene Kanten sich beim Dehnen von alleine einrollen und nicht vernäht werden müssen.

Material:

- 1 Stück Single-Jersey à 50 × 40 cm optional mit dem unteren, bereits gesäumten Rand eines T-Shirts (für Kinder reichen 40 × 30 cm)

So wird der Schlauchschal genäht:

1. Die beiden kürzeren Kanten des Stoffs aufeinanderfalten, sodass die schöne Seite innen liegt. Die Stoffkanten mit Klammern fixieren (siehe Tipps zur Verarbeitung von Jersey-Stoff auf Seite 16).

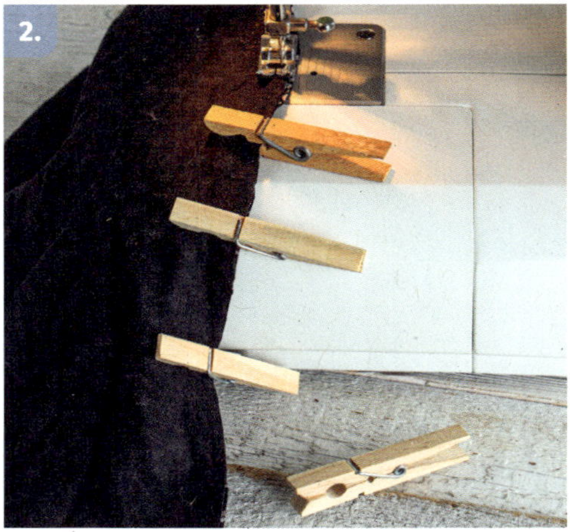

2. Die Kante mit einem elastischen Stich (Jersey- oder Zickzackstich, S. 18) möglichst dicht am Rand zusammennähen.

3. Bei Bedarf können die Stoffkanten noch etwas zurückgeschnitten und auseinandergebügelt werden. Dann das Schlauchtuch auf die schöne Seite wenden.

smarticular.net/schlauchschal-naehen

2.

3.

Loopschal mit Innenfutter

Für einen wohlig wärmenden Schlauchschal aus zwei Stofflagen eignen sich neben dem Stoff ausgemusterter großer T-Shirts auch Stücke aus einem eingelaufenen Wollpullover oder Sweatshirt-Stoff, dessen angeraute Innenseite eine kuschelige Außenseite für den Schal ergibt. Besonders variabel und schön wird der Loopschal mit zwei verschiedenen Stoffen.

Benötigtes Material:

- 2 Stücke dehnbarer Stoff à 60 × 25 cm (für Kinder reichen 50 × 22 cm)

Und so gelingt der gefütterte Schlauchschal:

1. Die Stoffe mit den schönen Seiten aufeinanderlegen und mit Wäscheklammern fixieren (siehe Verarbeitungstipps zu Jersey auf Seite 16).

2. Die Stoffteile mit einem elastischen Stich und, falls vorhanden, mit einer Jerseynadel entlang der langen Kanten zusammennähen. Die kurzen Seiten bleiben offen.

3. Ein Ende des Schlauchs so weit nach innen umstülpen, dass die Stoffkanten der beiden kurzen Enden aufeinandergelegt und mit Klammern fixiert werden können.

4. Die Kanten bis auf eine je nach Stoffdicke etwa 5–10 cm große Wendeöffnung rundherum zusammennähen. Den Schal wenden und die Wendeöffnung per Hand mit dem Matratzenstich (S. 29) schließen.

smarticular.net/schlauchschal-naehen

Schalmütze

Wenn du noch einen ausgedienten Hoodie übrig hast, lässt sich daraus diese Schalmütze nähen.

Geeignet ist neben einem Kapuzenpulli auch eine Kapuzenjacke mit Knöpfen oder Reißverschluss. Als Material bietet sich Jersey oder gewebter Stoff aus Baumwolle oder Wolle an.

Material:

- alter Kapuzenpullover oder alte Kapuzenjacke

1.

2.

3.

So nähst du die Schalmütze:

1. Die Kapuze mit einem etwa 15 cm breiten Rand vom Rücken und mit der gesamten Vorderseite vom restlichen Pullover abschneiden. Ärmel und der Rest der Rückseite werden nicht gebraucht und lassen sich zu anderen Winteraccessoires upcyceln, zum Beispiel zu Stulpen (S. 140).

2. Bei einem vorn geschlossenen Pullover die Vorderseite vertikal in der Mitte aufschneiden. Bei einer Reißverschlussjacke den Reißverschluss heraustrennen, denn er macht den Schal unflexibel und könnte stören. Knöpfe können auf Wunsch bleiben, damit lässt sich der Schal später am Hals befestigen.

3. Alle offenen Stoffkanten zu einem etwa 1 cm breiten Saum doppelt umschlagen und umbügeln oder mit Stecknadeln fixieren. Den Saum mit der Nähmaschine festnähen. Bei dehnbarem Stoff einen elastischen Stich wählen, zum Beispiel einen Zickzackstich (siehe Tipps zum Nähen mit Jersey auf Seite 16).

Schon ist die Schalmütze einsatzbereit: Den Kapuzenteil der fertigen Schalmütze wie gewohnt aufsetzen und die nach vorn herunterhängenden Stoffstücke als Schal um den Hals legen. Wenn der Pullover Taschen hatte, kannst du diese bei herabhängenden Schalenden auch nutzen, um deine Hände zu wärmen.

smarticular.net/schalmuetze-naehen

Die kurze Seite des Handtuchs ergibt die Länge des Kleides. Je nachdem, wie groß du bist und wie viel Bein du zeigen möchtest, sind 70–100 cm ausreichend.

Die notwendige Breite des Handtuchs hängt von deiner Konfektionsgröße ab sowie davon, wie locker das Kleid fallen soll. Wickle das Handtuch probeweise eineinhalb Mal um den Körper, um zu sehen, ob die Breite reicht.

Das Schrägband dient als Einfassung für die Armausschnitte und läuft über die Schultern als Träger fort. Die benötigte Länge an Schrägband kann daher auch etwas variieren.

Tipp: Wenn das Handtuch ausgeblichen ist oder für ein Kleid nicht die passende Farbe hat, lässt es sich vor der Verarbeitung einfärben, zum Beispiel mittels Solarfärbung (S. 36) oder einfach mit Waschmaschinenfarben.

Handtuchkleid als Strand-, Bade- oder Saunakleid

Aus einem Dusch- oder Badetuch lässt sich in wenigen Arbeitsschritten ein Handtuchkleid nähen, das schnell übergeworfen werden kann und nicht rutscht. Trotzdem sitzt es locker genug, sodass es auch als „mobile Umkleidekabine" dienen kann.

Material:

- Dusch- oder Badetuch aus Frottee, zwischen 70 × 140 und 100 × 180 cm groß
- Schrägband, etwa 150 cm (gekauft oder selbst gemacht, siehe Seite 21)

So wird ein Handtuchkleid daraus:

1. Für die Armausschnitte das Handtuch quer ausbreiten und an den oberen Ecken je einen Viertelkreis mit einem Radius von etwa 15 cm anzeichnen. Dafür einen Zirkel oder eine Springform als Schablone verwenden. Wenn das Handtuch abgerundete Ecken hat, den Zirkelmittelpunkt an der gedachten Ecke des Handtuchs ansetzen, damit der Armausschnitt nicht zu groß wird. Die Viertelkreise abschneiden.

2. Zwei je etwa 60–75 cm lange Stücke vom Schrägband abschneiden, um die Ränder der Viertelkreise legen und feststecken. Die beiden Enden jedes Schrägbandes zusammenlegen und mit Stecknadeln fixieren, sodass zusammen mit den eingefassten Armausschnitten Kreise entstehen. Das Kleid am besten vor dem Nähen vorsichtig anprobieren, um die passende Länge der Träger zu ermitteln.

3. Die Schrägbänder mit einem Overlock- oder Zickzackstich (S. 18) rundherum zusammennähen und damit gleichzeitig am Handtuch festnähen. Die Enden der Schrägbänder vor dem Festnähen nach innen einschlagen, damit sie nicht ausfransen.

Schon ist das Handtuchkleid bereit zum Anziehen!

Tipp: Ein elastisches Handtuch lässt sich ebenfalls zu einem solchen Strand- oder Saunakleid verarbeiten. Dann empfiehlt es sich, elastisches Jersey-Schrägband zu verwenden.

Um das Handtuchkleid anzuziehen, lege den von dir aus rechten Träger über deine rechte Schulter. Dann führe das Handtuch vor deinem Körper entlang, unter deinem linken Arm hindurch nach hinten um den Rücken und unter deinem rechten Arm hindurch wieder nach vorne. Den linken Träger zum Schluss über den linken Arm und die Schulter ziehen, sodass sich der Stoff vor dem Körper großzügig überlappt.

smarticular.net/handtuchkleid

Hausschuhe

Diese leichten Hausschuhe lassen sich beispielsweise aus dem Stoff alter Jeans oder Sweatshirts fertigen. Es empfiehlt sich, für die Sohle stabilen, fest gewebten Stoff zu verwenden, der nicht so schnell durchscheuert. Dafür eignet sich zum Beispiel Jeans-, aber auch fester, dicker Leinenstoff.

Material:

- Stoff von alten Jeans, Sweatshirts, Fleecepullis oder auch T-Shirts
- das ausgedruckte Schnittmuster (S. 196 oder *smarticular.net/hausschuhe-naehen*)

Tipps zur Ermittlung der richtigen Größe

Damit die Schuhe später auch passen, ist es sinnvoll, das Schnittmuster an die Fußform anzupassen. Stelle dafür den Fuß auf die Vorlage und überprüfe die Fußbreite. Markiere ggf. Abweichungen mit einem Stift auf dem Papier und schneide die Vorlage lieber etwas großzügiger aus.

Wenn du einen besonders hohen Spann hast, miss die Strecke vom Boden links des Fußes über den Spann hinweg bis zum Boden rechts des Fußes. Jetzt kannst du bei der Vorlage für das Oberteil (das die Zehen bis zum Spann bedeckt) abmessen, welche Größe am besten passt.

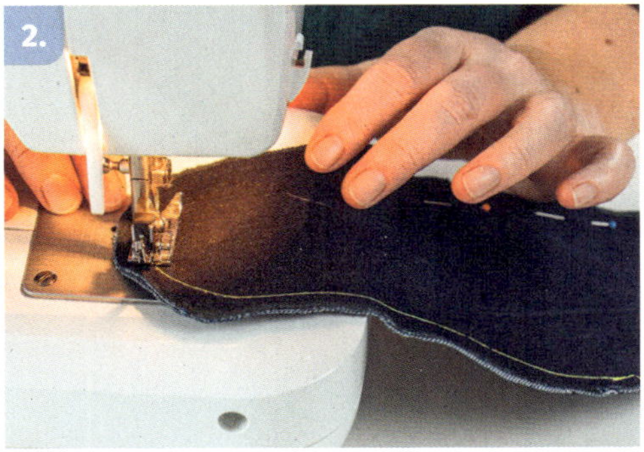

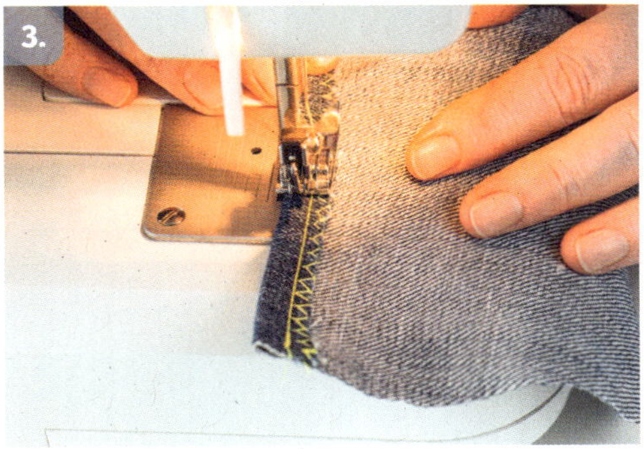

So werden die Hausschuhe genäht:

1. Das Schnittmuster nachzeichnen/kopieren oder ausdrucken und die Umrisse für die richtige Schuhgröße ausschneiden (bei Bedarf an die Fußform anpassen, siehe dazu auch die Tipps weiter oben). Nun die Schnittmusterteile auf den Stoff legen und die Umrisse inklusive 1 cm Nahtzugabe nachzeichnen. Für einen Schuh wird zweimal die Sohle benötigt (für eine Doppelsohle am besten den Stoff rechts auf rechts doppelt legen und zwei Sohlenteile auf einmal ausschneiden). Die restlichen Teile werden einmal pro Schuh gebraucht.

2. Zwei Sohlenteile mit der rechten, schönen Seite nach außen aufeinanderlegen, mit Stecknadeln fixieren und mit einem geraden Stich etwa 0,5 cm vom Rand entfernt zusammennähen. Die Sohle längs mittig falten und an der Spitze und der Ferse die Mitte markieren.

3. Die gerade Kante des Oberteils mit einem Zickzackstich versäubern. Die Kante 1 cm weit auf die linke, nicht so schöne Seite umschlagen, bügeln und mit einem geraden Stich knapp neben der versäuberten Zickzackkante vernähen.

4. Das Oberteil längs in der Mitte falten (die schöne Stoffseite liegt innen) und an der runden Spitze die Mitte markieren. Die Markierungen von Sohle und Oberteil (die rechte Seite liegt immer noch innen) aufeinanderlegen und mit einer Stecknadel fixieren. Anschließend die gesamte Kante des Oberteils mit Stecknadeln an der Kante der Sohle feststecken und dann mit 1 cm Abstand zum Rand mit einem geraden Stich zusammennähen.

5. Das Fersenteil an der oberen langen Kante säumen, wie beim Saum für das Oberteil beschrieben. Das Stoffstück mittig falten (die rechte, schöne Seite liegt innen) und die Mitte an der unversäumten Kante markieren. Diese Markierung auf die Markierung auf der Sohle legen (die rechte Stoffseite des Fersenteils liegt immer noch innen) und auch das Fersenteil ringsum an der Sohle feststecken.

6. Den überschüssigen Stoff an den Enden so abschneiden, dass er noch 0,5 cm über den Saum des Oberteils hinausreicht. Das Fersenteil mit 1 cm Abstand vom Rand mit der Sohle zusammennähen.

7. An den Seiten die verbleibenden Enden des Fersenteils glatt über den gesäumten Rand des Oberteils legen. Am besten mit andersfarbigem Garn per Hand grob vornähen bzw. heften, damit der Stoff nicht verrutscht. Den Schuh wenden und das Fersenteil mit geradem Stich auf dem Saum des Oberteils festnähen. Den Heftfaden entfernen. Jetzt ist der erste Hausschuh auch schon fertig. Probiere ihn doch gleich einmal an! Wenn er etwas eng sitzt, ist das nicht schlimm, sondern sogar gut, denn die meisten Materialien dehnen sich bei häufigem Gebrauch noch aus. Zu weite Schuhe lassen sich bei Bedarf nachträglich rings um die Sohle enger nähen.

smarticular.net/hausschuhe-naehen

6.

7.

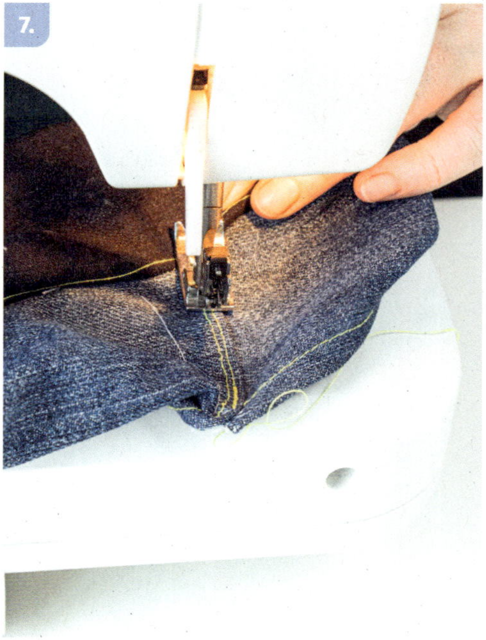

Hüttenschuhe

Selbst genähte, kuschelige Hüttenschuhe halten die Füße warm. Besonders gut eignen sich dafür alte Norweger- oder Zopfmusterpullover mit Ärmelbündchen für Innensohle, Fußteil und Schaft sowie Reste einer alten Jeans für die Außensohlen.

Material:

- 2 Ärmel eines alten Pullovers samt Bündchen
- 2 Stoffstücke aus Jeans à etwa 15 × 30 cm (Länge und Breite der Füße plus 2 cm Nahtzugabe) für die Außensohle
- 2 Stoffstücke aus dem Pullover oder aus anderem flauschigen Material in den Abmessungen der Außensohle für die Innensohle
- 2 Jeansstreifen à 5 cm Breite und 80 cm Länge (abhängig von der Schuhgröße)
- dickes (Woll-)Garn zum Annähen der Sohlen

1.

2.

Und so wird's gemacht:

1. Die Ärmel vom Pullover abtrennen. Dabei von der Schulter Richtung Achsel schräg schneiden, sodass die entstehende Öffnung etwa so lang ist wie der Fuß.

2. Mit einem auswaschbaren Stift die Umrisse beider Füße auf den Jeansstoff und auf den Pulloverstoff für die Innensohle zeichnen und mit 1 cm Nähtzugabe rundherum ausschneiden. Dann die zusammengehörigen Jeans- und Pulloverstoffe mit den Innenseiten aufeinanderlegen. Für besonders feste Außensohlen empfiehlt es sich, zwei Lagen Jeansstoff zu verwenden.

3. Die Jeansstreifen der Länge nach mit der Außenseite nach außen falten und durch Bügeln fixieren. Die Enden der Streifen etwa 1 cm weit nach innen klappen. Mit den offenen Kanten bündig an den Kanten der Sohlenstoffe feststecken und rundherum festnähen, sodass die Nahtzugabe innen liegt (also auf der Seite des flauschigen Sohlenstoffs). Dafür am besten an den Fußinnenseiten beginnen.

4. Die Schnittkanten der Ärmel mit etwa 2 cm Überlappung von innen an den Sohlenrändern feststecken. Bei Bedarf die Ärmelöffnung vorher noch etwas in Form schneiden. Für eine genaue Passform ist es hilfreich, die Ärmel mit den Bündchen voran über die Füße zu ziehen, die Sohlen unter die Füße zu legen und die Hüttenschuhe am Fuß zusammenzustecken. Mit Wollgarn mit großen Stichen zusammennähen.

smarticular.net/huettenschuhe-naehen

Mütze

Ein eingelaufener Wollpulli oder ein Sweatshirt, das an den Ärmeln durchgescheuert ist, lässt sich leicht zu einer Mütze verarbeiten. Es wird lediglich eine Mütze benötigt, die als Vorlage für die neue Mütze dient.

Material:

- altes Sweatshirt oder alter Strickpullover
- Mütze als Vorlage

So wird die Mütze genäht:

1. Den Pulli auf links drehen und glatt ausbreiten. Dabei darauf achten, dass die Bündchen unten genau aufeinanderliegen, damit die Mütze nicht schief wird. Eine vorhandene Mütze als Vorlage auflegen und die Umrisse mit einem auswaschbaren Stift nachzeichnen. Dabei 1 cm Nahtzugabe berücksichtigen.

2. Die Stofflagen innerhalb des aufgezeichneten Umrisses mit Stecknadeln feststecken und die aufgezeichnete Form ausschneiden.

3. Die beiden Stoffstücke mit einem geraden Stich etwa 1 cm von der Kante entfernt zusammennähen und die fertige Mütze wenden.

Tipp: Wenn du keine Mütze als Vorlage hast, nimm einfach Maß an deinem Kopf: Der Kopfumfang, geteilt durch zwei, ergibt die Breite des Stoffstücks am unteren Saum. Die Länge zwischen Stirn und der Mitte des Hinterkopfes ergibt die Höhe der Mütze. Mit der Höhe lässt sich der Mützenschnitt leicht variieren.

smarticular.net/muetze-naehen

Stirnband

Wenn du einen alten Jerseypullover (besser feineres Material als grobmaschige Strickpullis) hast, dann probiere doch mal, daraus zum Beispiel ein Stirnband zu nähen.

So geht's:

1. Den Pullover auf links drehen und glatt ausbreiten.

2. Den Kopfumfang messen. Dieses Maß, geteilt durch zwei plus 2 cm, ergibt die benötigte Breite.

3. Ein Rechteck auf den Pullover zeichnen mit der errechneten Breite und der gewünschten Höhe; zusätzlich 2 cm Nahtzugabe hinzurechnen. So ergibt sich z. B. eine Höhe von 10 cm Stoff für ein 8 cm hohes Stirnband.

4. Vorder- und Rückseite des Pullovers innerhalb der vorgezeichneten Linien mit Stecknadeln fixieren und ausschneiden.

5. Die kurzen Enden des Rechtecks (die schöne Seite liegt innen) mit geradem Stich miteinander vernähen, dann wenden. Auf Wunsch die langen Kanten mit einem Zickzackstich (S. 18) rundum versäubern.

smarticular.net/stirnband-naehen

Fausthandschuhe

So einfach lassen sich aus einem alten Pullover – je nach Dicke des Materials – dünne oder auch kuschelig-warme Fausthandschuhe nähen:

1. Den Pullover auf links drehen und glatt ausbreiten.

2. Eine Hand so auf den Pulli legen, dass das Handgelenk auf dem Bündchen liegt. Die Umrisse abmalen (Daumen und geschlossene Finger getrennt), am besten mit 1–2 cm Zugabe, damit die Handschuhe nicht zu eng werden (besonders an der Öffnung).

3. Vorder- und Rückteil innerhalb der gezeichneten Linien mit Stecknadeln fixieren und ausschneiden.

4. Die Teile etwa 1 cm entfernt von den Kanten mit einem geraden Stich zusammennähen.

Rock aus Hemdstoff

Auch ein Rock aus einem alten Hemd ist schnell hergestellt und passt je nach Hemdlänge einem größeren Kind oder einer erwachsenen Frau.

So einfach geht's:

1. Den oberen Teil eines Hemdes aus blickdichtem Stoff (zum Beispiel Jeansstoff oder Flanell) auf Höhe der Achseln quer abschneiden.

2. Die obere Kante zuerst 1 cm breit und dann nochmals 3 cm breit umschlagen und bügeln.

3. Den Saum knapp entlang des unteren Falzes mit einem geraden Stich bis auf eine Öffnung von 3 cm festnähen, sodass ein Tunnel entsteht.

4. Einen etwa 3 cm breiten Wäschegummi mit einer Sicherheitsnadel durch den Tunnel ziehen und in der Weite der Taille verknoten oder mit einigen Stichen zusammennähen.

5. Die Saumöffnung vernähen.

Trick gegen rutschende Strumpfhosen

Was tun gegen das lästige Rutschen von Woll- und Nylonstrumpfhosen? Die Lösung ist eine kaputte Feinstrumpfhose. Dazu einfach die Beine der alten Strumpfhose etwa 5 cm unterhalb des Zwickels abschneiden und die so entstandenen Strumpfhosen-Shorts über der rutschenden Strumpfhose anziehen – fertig!

Arm- und Beinstulpen

Stulpen bringen kuschelige Wärme für Hand- oder Fußgelenke. Schneide dazu hübsche, aber im Fußteil löchrige Kniestrümpfe kurz über der Ferse ab und nähe das Ende etwa 1 cm breit mit einem Zickzackstich nach innen um. Schon sind die Stulpen fertig!

Alternativ lassen sich Stulpen nach der gleichen Methode auch aus den Ärmeln alter Sweatshirts oder verfilzter Wollpullover nähen.

Küche

Mehrweg-Kaffeefilter

Waschbare Mehrweg-Filtertüten für aufgebrühten Kaffee sparen Geld und Müll, denn sie sind nahezu beliebig oft verwendbar.

Für den Kaffeefilter eignet sich am besten dünner, dicht gewebter Naturfaserstoff, zum Beispiel von einem alten Hemd. Durch zu locker gewebten Stoff gelangt Kaffeepulver mit in den Kaffee, zu dicker Stoff führt im Gegensatz dazu, dass der Kaffee nur sehr langsam durchläuft und bitter schmeckt.

Das Schnittmuster kannst du abzeichnen (S. 194) oder unter 🌐 *smarticular.net/kaffeefilter-naehen* herunterladen und ausdrucken.

3.

4.

5.

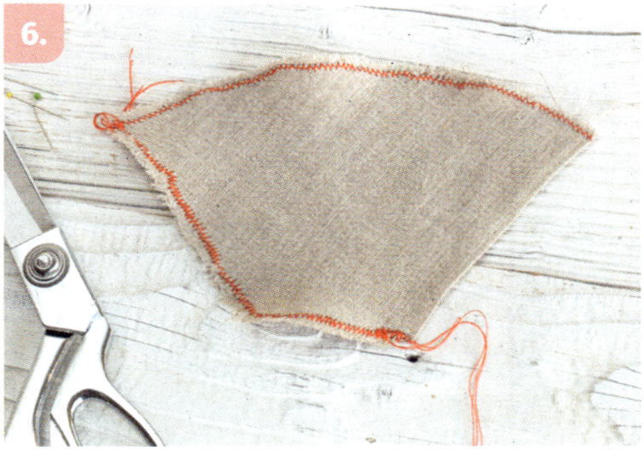
6.

Material:

- Stoffrest à 15 × 30 cm

So wird die Filtertüte aus Stoff hergestellt:

1. Das Schnittmuster in passender Größe ausschneiden.

2. Den Stoff einmal falten, sodass ein Quadrat entsteht.

3. Das Schnittmuster so auf den Stoff legen, dass eine der geraden Kanten auf dem Falz liegt. Mit Stecknadeln oder Klammern befestigen und den Stoff entsprechend zuschneiden.

4. Den Stoff aufklappen und die gesamte runde Oberkante mit einer Overlocknaht oder einem Zickzackstich (S. 18) versäubern.

5. Den Stoff wieder hälftig zusammenklappen und die Kanten mit Stecknadeln oder Klammern befestigen.

6. Boden und Seite ebenfalls mit einer Overlocknaht oder einem Zickzackstich zusammennähen.

7. Die Fadenenden abschneiden. Wenn du einen Zickzackstich verwendet hast, eventuell noch die Stoffkanten knapp entlang der Naht abschneiden, ohne sie dabei zu beschädigen.

smarticular.net/kaffeefilter-naehen

Wiederverwendbare Teebeutel

Kleine selbst genähte Stoffbeutel machen Einmal-Teebeutel überflüssig, denn sie lassen sich immer wieder mit losem Tee befüllen. Obendrein geben sie schöne kleine Geschenke ab.

Material:

- Stoffrechteck à 12 × 16 cm
- langes Garn oder Schnur, etwa 40 cm
- Knopf zum Beschweren der Schnur

1.

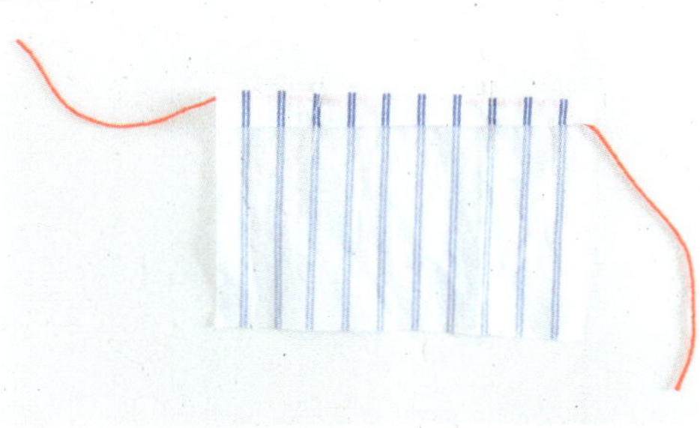

3.

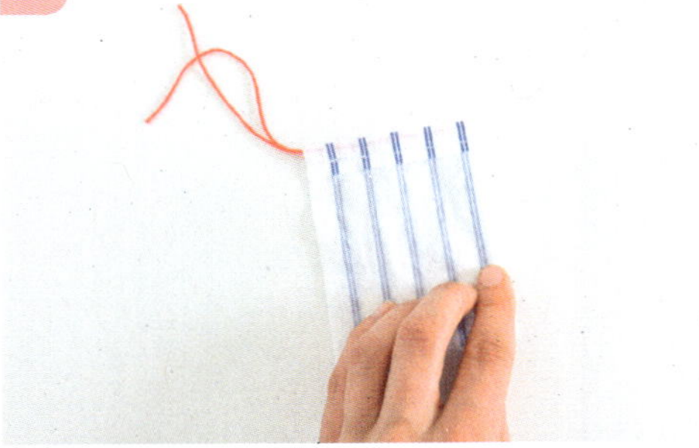

5.

So gehst du vor:

1. Das Stoffrechteck quer und mit der Beutelinnenseite nach oben auf der Arbeitsfläche ausbreiten. Am oberen Rand etwa 1 cm umschlagen und in den Falz die Schnur einlegen. Die umgeschlagene Kante mit Nadeln abstecken.

2. Mit der Nähmaschine eine einfache Naht auf die Kante setzen. Die Stecknadeln wieder entfernen. Damit die Stoffkanten weniger ausfransen, können sie zusätzlich mit einer Zickzacknaht versäubert werden.

3. Das Stoffrechteck wie ein Buch zusammenschlagen, die Beutelinnenseite liegt außen. Die offene Seiten- und die Unterkante des Beutels zunähen. Dabei kurz unter der Schnur ansetzen, damit sie beweglich bleibt.

4. Den Beutel auf rechts drehen und die Ecken von innen mit einer Stift- oder Scherenspitze ausstülpen.

5. Damit die Schnur bei der Teezubereitung nicht in die Tasse rutscht, hilft es, sie mit einem Knopf oder etwas Ähnlichem zu beschweren.

Tipp: In größeren Größen (zum Beispiel aus einem 18 × 24 cm großen Stoffrechteck) lassen sich auf die gleiche Weise Beutel für eine ganze Teekanne herstellen. Aber auch für selbst gemachte Badezusätze aus getrockneten Kräutern eignet sich das Säckchen.

Zur Reinigung den Teebeutel umstülpen und abklopfen bzw. abspülen. Bei Bedarf mit Seife oder Spülmittel auswaschen.

smarticular.net/teebeutel-naehen

Nussmilchbeutel

Ein Nussmilchbeutel erleichtert nicht nur das Filtern selbst gemachter Pflanzenmilch, sondern es lassen sich damit auch die festen Bestandteile bei der Herstellung von Käse, Sirup und Tinkturen abseihen.

Am besten geeignet ist Baumwoll- oder Leinenstoff, der durch mehrmaliges Waschen von Schadstoffen befreit wurde und sich bei hohen Temperaturen waschen lässt.

Dicht gewebter, sehr leichter Stoff besitzt die besten Filtereigenschaften. Ein zu dicker Stoff würde das Abtropfen der Flüssigkeit behindern, Tüllstoff ist dagegen zu durchlässig für kleine, feste Bestandteile.

Dieser selbst genähte Beutel ist etwa 25 × 30 cm groß und hat abgerundete Ecken, sodass sich die Feststoffe nach dem Filtern problemlos aus dem Beutel entfernen lassen.

1.

2.

5.

6.

Material:

- dünner Baumwoll- oder Leinenstoff à 51 × 34 cm
- Kordel oder selbst genähtes Band (S. 164), 60 cm lang, als Zugband

So wird der Nussmilchbeutel genäht:

1. Den Stoff quer auslegen und so falten, dass die kurzen Seiten aufeinander liegen. Die Rundungen an den Ecken der unteren Kante entlang einer kleinen Schüssel vorzeichnen und dann ausschneiden.

2. Den Stoff wieder auffalten und die Kanten rundum mit dem Zickzackstich versäubern (S. 18).

3. Das Stoffstück wieder wie zuvor falten, die spätere Außenseite liegt innen. An der offenen Seite oben mit einem Stift oder mit Stecknadeln Markierungen 2,5 und 4 cm unterhalb der Oberkante anbringen.

4. Die offenen Kanten unten und an der Seite entlang der versäuberten Kante mit einem geraden Stich zusammennähen. Die markierte Öffnung dabei aussparen.

5. Die obere Stoffkante 2,5 cm nach außen umschlagen und bügeln. Den Saum rundum knapp oberhalb der versäuberten Kante festnähen.

6. Den Beutel umkrempeln. Nun noch die Kordel oder das Band mit einer Sicherheitsnadel einfädeln und die Enden verknoten. Vorher eventuell noch einen Kordelstopper auffädeln.

smarticular.net/nussmilchbeutel

Abdeckhauben

Mit wiederverwendbaren Abdeckhauben lassen sich häufig genutzte Schüsselchen und Schalen dicht verschließen. Frischhalte- und Alufolie sind dann zur Abdeckung gar nicht mehr nötig.

Für die Oberseite der Abdeckhauben eignen sich Stücke eines abgelegten Hemdes, einer alten Gardine oder beliebige andere waschbare, gewebte Stoffreste. Für die Rückseite eignet sich lebensmittelecht beschichteter Stoff, etwa von einer abwaschbaren Tischdecke, der die Haube möglichst luftdicht und mehr oder weniger wasserfest macht.

Es ist egal, ob das abzudeckende Gefäß rund, oval oder auch eckig ist – die Hauben sind für nahezu jede Form geeignet.

Material:

- 1 Stück Stoff, etwa 10 cm länger und breiter als das abzudeckende Gefäß
- 1 Stück beschichteter Stoff in gleicher Größe
- Wäschegummi, etwa so lang wie der Rand des Gefäßes

1.

3.

6.

Und so gehst du vor:

1. Das Gefäß kopfüber auf die Vorderseite des beschichteten Stoffs stellen und mit einem Stift den Umriss mit etwa 1 cm Abstand zum Gefäßrand nachziehen (alternativ ein etwas größeres Gefäß als Schablone verwenden). Dann eine zweite Linie mit etwa 2–3 cm Abstand um die erste Linie zeichnen. Den Stoff entlang der äußeren Linie ausschneiden.

2. Den ausgeschnittenen Kreis auf den unbeschichteten Stoff legen, mit Klammern fixieren und den Umriss ausschneiden.

3. Beide Kreise mit den schönen Seiten nach innen etwa 0,5 cm vom Rand entfernt mit der Nähmaschine zusammennähen, dabei eine Wendeöffnung von einigen Zentimetern belassen.

4. Den Stoff durch die Öffnung auf rechts drehen, bei Bedarf mit einem Stäbchen entlang der Naht komplett nach außen drücken und so möglichst gut glätten.

5. Eine Naht entlang des aufgezeichneten inneren Kreises auf den beschichteten Stoff nähen, sodass ein Tunnel entsteht.

6. Mit einer Sicherheitsnadel den Wäschegummi durch den Tunnel fädeln. Die Enden zusammenziehen und vernähen oder verknoten, sodass sich der Rand der Haube kräuselt. Den Sitz am Gefäß am besten vor dem endgültigen Befestigen überprüfen.

7. Die Wendeöffnung per Hand mit dem Matratzenstich (S. 29) verschließen.

smarticular.net/abdeckhauben

Tawashi-Schwamm

In Japan werden Spülbürsten aus Palm- oder Kokosfasern, aber auch kleine gewebte Lappen als „Tawashi“ bezeichnet. Für eine Zero-Waste-Variante können auch alte Socken zu diesen gewebten Waschlappen, Topfuntersetzern oder Küchenschwämmen umfunktioniert werden. Die Tawashis aus diesem Beispiel sind in fertigem Zustand 9 × 9 cm groß.

Material:

- Holzplatte à circa 18 × 18 cm
- 36 Nägel
- 1–2 alte Socken
- Bleistift, Lineal und Hammer

So wird ein Tawashi-Schwamm hergestellt:

1. Für einen einfachen Webrahmen ein 15 × 15 cm großes Quadrat mittig auf die Holzplatte zeichnen und an jeder Seite Markierungen im Abstand von 1,5 cm anzeichnen. In jede Markierung einen Nagel schlagen (eventuell ganz dünn vorbohren, damit das Holz nicht reißt). Die Ecken des Quadrats bleiben frei, sodass neun Nägel pro Seite verwendet werden.

2. Socken in ungefähr 1–2 cm breite Ringe schneiden. Insgesamt werden 18 Sockenringe benötigt.

3. Zum Weben neun Sockenringe parallel von oben nach unten über die Nägel spannen. Mit den verbleibenden Sockenringen von einer zur anderen Seite weben.

4. Um den Lappen vom Webrahmen abnehmen zu können, werden die Ränder verwoben. Dafür eine Schlaufe an einer Ecke abnehmen, die danebenliegende Schlaufe ebenfalls abnehmen und durch die erste hindurchführen. Auf diese Weise rundherum fortfahren, bis alle Schlaufen abgenommen sind.

5. Die letzte Schlaufe mit der Schlaufe davor verknoten. Sie kann benutzt werden, um den Tawashi aufzuhängen.

Jetzt ist der Tawashi schon fertig. Er ist bei den gleichen Temperaturen waschbar wie die Socken, aus denen er besteht, oder auch heißer, wenn dir Hygiene wichtiger ist als Formverhalten.

smarticular.net/tawashi

Allzweck-Küchenlappen oder -schwamm

Selbst genähte Küchenlappen sind umweltfreundlich, preiswert, plastikfrei und schnell genäht. Durch eine zusätzliche Füllung erhalten sie zudem optional die Griffigkeit und Saugfähigkeit eines Küchenschwamms.

Am besten eignen sich für die nützlichen Haushaltshelfer Reste fest gewebter Stoffe aus Naturfaser. Für die grobe Seite eignen sich beispielsweise Frottee, Polsterstoff oder Sackleinen, für die feine Seite alte Geschirrtücher oder Hemdenstoff aus Baumwolle oder Leinen.

Im Beispiel entstehen stabile Spüllappen mit den Abmessungen von etwa 9 × 13 cm. Die Größe lässt sich nach Belieben anpassen.

Material:

- 1 Stück grober Stoff à 11 × 15 cm
- 1 Stück feiner Stoff à 11 × 15 cm
- einige Lagen voluminöser Füllstoff à 8,5 × 12,5 cm (Molton, Flanell) (optional)

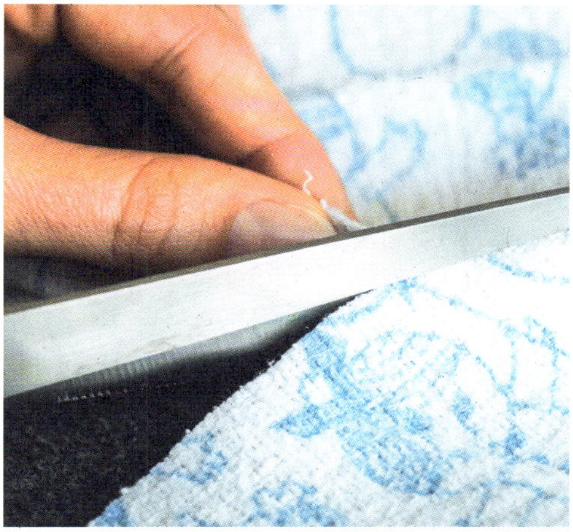

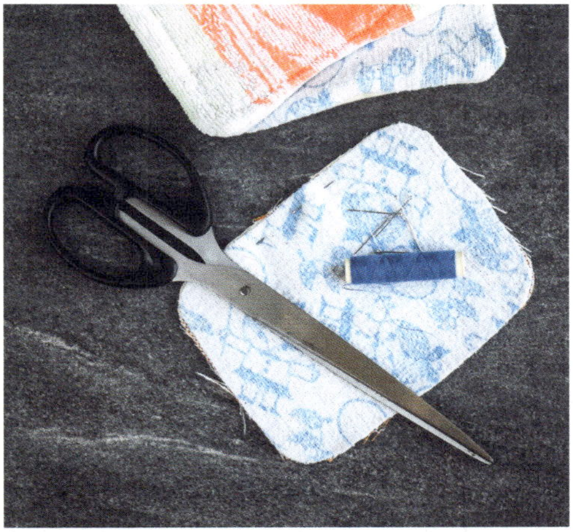

So werden die Küchenlappen genäht:

1. Das grobe und das feine Stoffstück so aufeinanderlegen, dass die rechten, schönen Seiten innen liegen, mit Stecknadeln fixieren und optional die Ecken für eine schönere Form abrunden.

2. Die Stücke etwa 1 cm vom Rand entfernt mit geradem Stich rundherum zusammennähen, dabei an einer Längsseite ein einige Zentimeter langes Stück zum Wenden offen lassen.

3. Das Nähstück durch die Wendeöffnung auf rechts drehen.

4. Optional für einen dickeren Schwamm die Füllstoff-Zuschnitte glatt in die entstandene Tasche einlegen.

5. Die Ränder der Wendeöffnung nach innen falten und mit Stecknadeln fixieren. Mit einer weiteren Naht etwa 0,5 cm vom Rand entfernt einmal rund um den Lappen/Schwamm nähen und dabei die Öffnung mitverschließen.

6. Optional zur Fixierung der eingelegten Füllschichten einmal kreuz und quer über den Schwamm nähen.

smarticular.net/spuelschwamm-naehen

Topflappen

Aus Jeans- und anderen Stoffresten lassen sich mit wenig Aufwand schicke und praktische Topflappen nähen. Damit brauchst du wieder ein Teil weniger zu kaufen und kannst darüber hinaus noch richtig kreativ werden!

Für die Vorder- und Rückseite sind neben Jeansresten auch andere gewebte Stoffe verwendbar, solange sie aus hitzebeständigen Naturfasern wie Baumwolle oder Leinen bestehen. Damit die Topflappen noch besser die Hitze von den Händen fernhalten, wird als Zwischenlage dicker Leinenstoff, dünnes Frottee oder Fleece verwendet.

Material:

- 2 Stücke fester Naturstoff à 21 × 21 cm für außen
- 1 Stück Stoff à 21 × 21 cm als Zwischenlage
- 1 Stück dickere Kordel oder selbst genähtes Geschenkband (S. 164) à etwa 14 cm

Und so entstehen die Jeans-Topflappen:

1. Die erste Lage Naturstoff mit der schönen Seite nach oben ausbreiten. Die Kordel oder das Band zur Schlaufe formen und so auf den Stoff legen, dass beide Enden ein wenig über eine der Ecken hinausragen. Die zweite Lage Naturstoff mit der schönen Seite nach unten auflegen und zum Schluss den Füllstoff darauf platzieren. Alle Lagen und die Kordelenden mit Stecknadeln feststecken.

2. Die Stofflagen mit einem geraden Stich etwa 1,5 cm vom Rand entfernt zusammennähen. Dabei an der Ecke gegenüber der Schlaufe beginnen. Über die Schlaufenenden mehrmals vor- und zurücknähen, um diese besonders sicher zu befestigen. Die Naht nicht komplett schließen, sondern eine Wendeöffnung von etwa 8 cm lassen. Die Ecken zurückschneiden, ohne die Naht zu beschädigen, damit sie später möglichst flach werden.

3. Das Nähstück wenden, sodass die beiden Naturstoffe außen liegen. An der Schlaufe ziehen, um die Ecke auszuformen. Bei den anderen Ecken mit einer Stricknadel oder einem Stift nachhelfen. Die Nahtzugaben der Wendeöffnung nach innen klappen und mit 1 cm Abstand zum Rand einmal rund um den Topflappen nähen. So verziehen sich die Stoffschichten weniger, und die Wendeöffnung wird gleich mitgeschlossen.

4. Um die Mitte der Fläche zusätzlich zu fixieren, lassen sich nun nach Belieben weitere Nähte anbringen, beispielsweise eine Spirale oder einfach kreuz und quer genähte Linien.

Schon ist der Topflappen fertig und einsatzbereit! Er ist bei 60 °C waschbar, wenn ausschließlich Naturmaterialien verwendet wurden.

smarticular.net/jeans-topflappen

Topflappen oder Untersetzer aus verfilzter Wolle

Für Topflappen oder Untersetzer einfach kleinere Stücke aus einem verfilzten Wollpulli ausschneiden und für die Topflappen mit kleinen Schlaufen zum Aufhängen versehen.

Material:

- 2 quadratische Stoffstücke à 20 × 20 cm (zum Beispiel zum Abdecken kleiner Schüsseln oder Müslischalen – größere Tücher lassen sich genauso herstellen)
- 2 gehäufte EL zerkleinertes Bienenwachs oder pflanzliches Wachs wie Rapswachs, Sonnenblumenwachs oder Sojawachs
- 1 TL Kokosöl für besonders geschmeidige Tücher (optional)
- Backblech und Backpinsel

Wachstücher

Um Lebensmittel einzuwickeln und abzudecken, sind wiederverwendbare Wachstücher mindestens ebenso gut geeignet wie Klarsicht- oder Alufolie. Da sie lediglich aus einem Naturstoff, Biowachs und optional ein wenig Öl bestehen, lassen sie sich sehr einfach selber machen.

Üblicherweise werden Wachstücher aus lebensmittelechtem Bienenwachs hergestellt; rein pflanzliches Wachs lässt sich aber genauso gut verarbeiten.

Wachstücher aus Bienenwachs erwärmen sich beim Kontakt mit den Händen ein wenig, schmiegen sich an die Gefäßform an und kleben dann zusammen, sodass beispielsweise Schüsseln nahezu luftdicht damit abgedeckt werden. Tücher mit veganem Wachs haben diese Klebeeigenschaften nicht, sorgen aber mit einer Schnur oder einem Gummi ebenfalls für zuverlässigen Luftabschluss.

Wer geschmeidigere Wachstücher braucht, um zum Beispiel Brot, Obst oder Gemüse darin einzuwickeln, kann dem Wachs bei der Verarbeitung ein wenig Kokosöl beimischen.

Für die Tücher sind gewebte Naturstoffe aus Baumwolle oder Leinen geeignet, die durch mehrmaliges Waschen von eventuellen Rückständen von Appretur und anderen Stoffbehandlungsmethoden befreit wurden. Alte Geschirrtücher und Reste von Hemden lassen sich ebenfalls bestens verarbeiten.

Hinweis: Obwohl Bienenwachs und Kokosöl eine leicht antibakterielle Wirkung besitzen, sind die Tücher für rohes Fleisch und Eier nicht geeignet.

So werden die Wachstücher gemacht:

1. Ofen und Backblech auf etwa 80 °C vorheizen (bei Sonnenblumenwachs auf 100 °C).

2. Währenddessen Wachs und optional Kokosöl im Wasserbad schmelzen und gründlich verrühren.

3. Das heiße Backblech aus dem Ofen nehmen, die Stoffstücke darauf ausbreiten (größere Stücke doppelt legen).

4. Das Wachs oder die Wachs-Öl-Mischung auf den Stoff gießen und mit einem Backpinsel auf dem Gewebe verteilen, sodass es vollständig damit durchtränkt wird. Durch das noch warme Backblech bleibt dafür etwas Zeit. Sollte das Wachs zu schnell auskühlen, das Blech samt Tüchern noch einmal im Ofen erwärmen.

5. Die gleichmäßig durchtränkten Tücher vom Blech nehmen und einzeln auf einem Wäscheständer erkalten lassen.

Tipp: Falls die fertigen Tücher nach dem Erkalten unregelmäßige Stellen aufweisen sollten, lässt sich das Wachs mit einem Föhn noch einmal vorsichtig anschmelzen. Dadurch verteilt sich das Wachs besonders gleichmäßig, und das Tuch bekommt eine glatte, glänzende Oberfläche.

Bienenwachstücher zu reinigen, ist ganz einfach: In den meisten Fällen lassen sich Flecken und Essensreste mit Wasser und etwas Spülmittel entfernen. Wachstücher sind lange haltbar, durch häufige Verwendung nutzt sich das Wachs aber ab, und die Tücher bekommen Knickspuren. Eine neue Wachsbeschichtung macht sie dann wieder wie neu.

Um das Backblech zu reinigen, erhitze es im Backofen, nimm das restliche Wachs mit Toilettenpapier, Stofflumpen o. Ä. auf und wische das Blech mit einem saugfähigen, heiß waschbaren Lappen gründlich sauber. Die Borsten des Backpinsels werden am besten zwischen mehreren Lagen saugfähigem Papier mit einem Bügeleisen bei niedriger Temperatur vom Wachs befreit.

smarticular.net/wachstuecher

Beutel aus Wachstuch

In einem Beutel aus Bienenwachstuch lassen sich Lebensmittel wie Reste von Obst und Gemüse, aber auch Brot und Brötchen besonders einfach abfallfrei vor dem Austrocknen und Verderben bewahren.

Material:

- Bienenwachstuch à 30 × 45 cm (S. 156)

So wird der Beutel genäht:

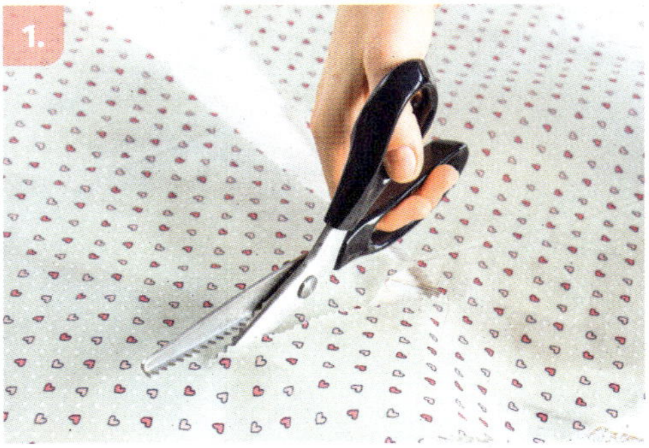

1.

1. Das Wachstuch mit einer Zickzackschere auf die gewünschte Größe zuschneiden, damit die Ränder besonders wenig ausfransen.

2. Das Tuch mit der Innenseite nach außen zur Hälfte falten, sodass die kurzen Kanten aufeinanderliegen.

3.

3. Die untere und die seitliche Kante mit geradem Stich mit 0,5 cm Abstand zum Rand zunähen. Damit die Nähmaschine nicht mit Wachs verklebt, das Wachstuch beim Nähen zwischen zwei Lagen Papier legen. Das Papier reinigt auch gleich die Nadel mit jedem Stich und lässt sich einfach wieder abreißen.

4.

4. Mit den Händen in den Beutel fahren und einen rechteckigen Boden ausformen. Die entstehenden Dreiecke mit gerader Naht abnähen und dann mit etwas Abstand zur Naht abschneiden.

5. Zum Schluss den Beutel wenden. Um den Beutel zu verschließen, wird er einfach zusammengerollt und die Öffnung etwas angedrückt. So bleibt er von allein geschlossen.

smarticular.net/wachstuchbeutel

Schenken

Geschenkpapier

Mit selbst genähtem Geschenkpapier aus Stoff werden Geschenke immer wieder einzigartig schön verpackt – und die Mülltonne bleibt leer. Für dieses Geschenkpapier in Patchwork-Technik eignen sich bunte Reste gewebter Stoffe, zum Beispiel von alten Hemden, Blusen, schadhaften Tischtüchern u. Ä. in etwa gleicher Dicke.

Das Stoff-Geschenkpapier aus dieser Anleitung hat im fertigen Zustand Abmessungen von circa 31 × 39 cm. Dafür werden 20 Stoffquadrate à 10 × 10 cm gebraucht.

Material:

- 20 Stoffquadrate à 10 cm Kantenlänge
- 1 Stück Stoff à 33 × 41 cm für die Rückseite
- Band oder Schnur, etwa 150 cm lang, z. B. ein Schnürsenkel oder ein ebenfalls aus Stoffresten genähtes Band (S. 164)

So gelingt die Geschenkverpackung im Patchwork-Stil:

1. Die Stoffstücke zu einem Rechteck von vier Quadraten Breite und fünf Quadraten Höhe auslegen und farblich passend arrangieren. Dann die Stoffstücke reihenweise von rechts nach links stapeln und die Stapel umdrehen, sodass die Stoffquadrate der linken Seite des Rechtecks zuoberst und mit der Rückseite nach oben liegen.

2. Um die Stoffstücke zu Reihen zusammennähen, die rechte Kante des obersten Quadrats eines Stapels mit der linken Kante des darunter liegenden Quadrats mit 1 cm Abstand zur Kante so zusammennähen, dass die schönen Außenseiten aufeinanderliegen. Die rechte Kante des zweiten Quadrats wiederum mit der linken Kante des dritten Quadrats zusammennähen. Auf diese Weise alle Quadrate einer Reihe zusammennähen. Mit allen weiteren Reihen ebenso verfahren.

3. Bevor die Reihen zusammengenäht werden, die Nahtzugaben auf den Rückseiten auseinanderziehen und flachbügeln. So trifft beim Zusammennähen der Reihen der Stoff der Nahtzugaben nicht an einer Stelle aufeinander.

4. Nun die obere Kante der untersten Reihe so an die zweite Reihe nähen, dass die schönen Seiten aufeinanderliegen. Die zweite Reihe ebenso an die erste nähen und so weiter, bis alle Reihen miteinander verbunden sind (für die Integration des Geschenkbands siehe nächster Punkt).

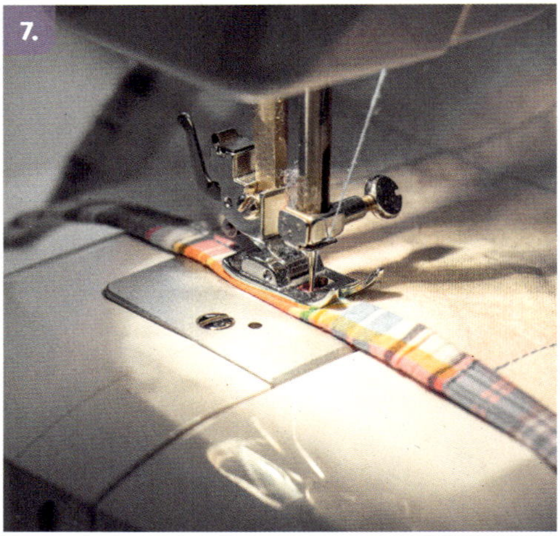

5. Optional ein Band mittig falten und die gefaltete Stelle ungefähr mittig zwischen zwei Quadraten mit einnähen, sodass die beiden Enden des Bands an der Vorderseite herausschauen und verwendet werden können, um das Geschenk zu verschnüren.

6. Den Stoff für die Rückseite mit der schönen Seite nach oben auf die Rückseite des Patchworks legen und rundherum feststecken. Dann die beiden Schichten auf der Vorderseite möglichst genau auf den Nähten, die die Quadrate verbinden, festnähen. Dabei am besten zuerst einmal quer von der Mitte aus nach links nähen, dann von der Mitte nach rechts, danach wieder von der Mitte aus nach oben und dann nach unten. So wird verhindert, dass sich der Stoff in eine Richtung verzieht. Die restlichen Nähte von einer Seite zur anderen nähen.

7. Für den Saum die Kanten rundherum zuerst 0,5 cm zur Rückseite umschlagen und bügeln, dann nochmals 1 cm umschlagen und wieder bügeln. Den Saum knapp entlang der Umschlagkante festnähen.

Jetzt ist das wiederverwendbare Geschenkpapier fertig. Am besten lässt es sich um eckige Schachteln oder Bücher wickeln. Falls dein Geschenk eine unregelmäßige Form hat, lege es eventuell vor dem Einwickeln in eine wiederverwendbare Schachtel.

Tipp: Als Alternative zum Säumen lässt sich auch Schrägband (S. 21) um die Kanten legen und knappkantig festnähen. Das Schrägband an den Ecken so falten, dass sich auf der Vorder- wie auf der Rückseite eine diagonale Kante ergibt.

smarticular.net/geschenkpapier-stoff

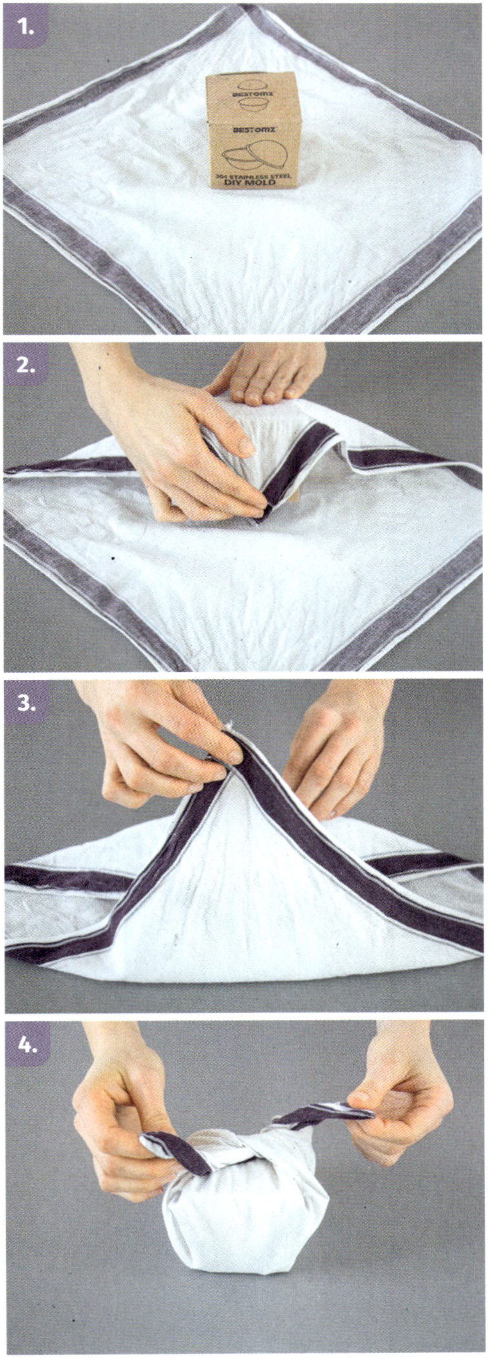

Furoshiki: Geschenke in Tüchern verpacken

Mit der japanischen Furoshiki-Technik lassen sich Geschenke statt in Papier in Stofftücher verpacken, die sehr oft wiederverwendbar sind. Dafür eignen sich dünne Tücher oder Stoffreste, die am besten mindestens dreimal so lang und breit wie die Abmessungen des Geschenks sind. So ist genug Material für einen Knoten oder eine Schleife vorhanden.

Es gibt viele verschiedene Varianten, wie sich Geschenke mit der Furoshiki-Technik verpacken lassen. Die schnellste Variante ist für ein würfel- oder quaderförmiges Geschenk am einfachsten umsetzbar:

1. Das Geschenk mittig und um 45 Grad versetzt auf das ausgebreitete Tuch legen.

2. Eine Ecke des Tuches über das Geschenk auf die andere Seite legen. Das überstehende Tuchende unter das Geschenk schlagen.

3. Die gegenüberliegende Seite ebenso um das Geschenk wickeln.

4. Die linke und rechte Tuchecke zur Mitte führen und mit einem doppelten Knoten schließen.

smarticular.net/furoshiki

Geschenkband nähen

Reichlich Material für wiederverwendbares Geschenkband bieten Stoffreste eines alten Hemdes, einer ausgedienten Tischdecke oder eines Bettlakens.

So wird ein etwa 1 cm breites Geschenkband aus Stoff genäht:

1. Möglichst lange Streifen von etwa 3,5 cm Breite aus dem Stoff schneiden.

2. Den Streifen der Länge nach mittig falten und bügeln. Den Stoff wieder auffalten und die seitlichen Kanten circa 5–8 mm nach innen umschlagen und erneut bügeln.

3. Um die offenen Enden des Bandes zu versäubern, diese jeweils etwa 1 cm nach innen umklappen. Nun das Band erneut am Mittelfalz falten und möglichst knapp entlang der offenen langen Kante zusammennähen.

Lange Geschenkbänder herstellen

Längere Geschenkbänder entstehen, indem mehrere Stoffstreifen zusammengenäht werden, bevor sie gefaltet und vernäht werden:

1. Die Enden von zwei Streifen mit den schönen Seiten nach oben aufeinanderlegen und im 45-Grad-Winkel zurechtschneiden.

2. Den oberen Streifen wenden und im rechten Winkel etwas versetzt auf das untere Band legen, sodass die Schnittkanten, wie im Bild zu sehen, aufeinanderliegen.

3. Die Bänder mit 0,5 cm Nahtzugabe zusammennähen. Die verbundenen Streifen auseinanderklappen und die Stoffkanten der Naht auseinanderbügeln.

Bei Bedarf lassen sich weitere Stoffstreifen auf die gleiche Weise endlos annähen.

smarticular.net/geschenkband

Geschenkband aus Jersey

Kurze Reste von T-Shirt-Garn (S. 21) oder ähnlicher Jerseybänder lassen sich noch sinnvoll verwenden, zum Beispiel als selbst gemachte Geschenkbänder.

Wenn du nur kurze Stücke von T-Shirts übrig hast, die du zu einem langen Garnfaden verarbeiten möchtest, schneide sie in Streifen und schneide dann in jedes Ende der Streifen ein Loch. Ziehe die Enden zweier Streifen jeweils durch die Öffnung des anderen Streifens hindurch, sodass sie miteinander

verschränkt sind. In Ringe geschnittene T-Shirts, Socken o. Ä. lassen sich auf ähnliche Weise zu einem endlosen Band verflechten, wie auf dem Bild zu sehen.

smarticular.net/geschenkband-jersey

Geschenkbeutel

Aus abgelegter Kleidung, zum Beispiel einem abgeschnittenen Hosenbein oder dem Ärmel eines alten Hemdes, lassen sich sehr einfach schicke wiederverwendbare Geschenkbeutel nähen.

Material:

- Hosenbein oder Ärmel eines Hemdes

Und so wird's gemacht:

1. Hosenbein oder Hemdärmel 5 cm länger abschneiden als die gewünschte Höhe des Beutels. Bei einem Hosenbein wird die Seite mit dem Saum als Öffnung des Beutels genutzt. Bei einem Sweatshirt- oder Hemdsärmel eine Öffnung säumen. Dazu den Rand zweimal etwa 2 cm weit nach innen umschlagen, mit Nadeln feststecken und knapp an der unteren Kante entlang vernähen.

2. Das Schlauchstück auf links wenden, am unteren, ungesäumten Ende gerade zusammennähen und die Nahtzugabe mit einem Zickzackstich versäubern.

3. Den Stoffbeutel so falten, dass ein viereckiger Standboden entsteht. Es bilden sich zwei kleine überstehende Dreiecke.

4. Die Dreiecke mit Stecknadeln fixieren und abnähen. Damit ist der rechteckige Standboden fixiert. Die überstehenden Dreiecke etwa 1 cm neben der Naht abschneiden und mit einem Zickzackstich versäubern.

Nach dem Wenden ist der Beutel schon einsatzbereit. Bei Bedarf und nach Lust und Laune lässt er sich noch weiter mit Schleifchen, Knöpfen oder Stoffapplikationen verzieren, bemalen oder besticken.

Verschlossen wird der Beutel mit einer einfachen Paketkordel, einem hübschen Schnürsenkel oder einem selbst gemachten Geschenkband (S. 164).

smarticular.net/geschenkbeutel-naehen

Geschenk-Teebeutel ohne Nähen

Diese Teebeutel für losen Tee sind schnell gemacht, da nichts genäht zu werden braucht. Sie sind wiederverwendbar und eignen sich bestens als nachhaltiges Last-Minute-Geschenk aus der Küche oder für den Adventskalender.

Empfehlenswert ist schadstofffreier, möglichst dünner Stoff, zum Beispiel Batist aus zertifizierter Biobaumwolle. Auch mehrfach gewaschene alte Anzughemden, Stofftaschentücher oder dünne Geschirrtücher sind gut geeignet, denn eventuelle Schadstoffe sind daraus bereits ausgewaschen.

Material:

- Baumwoll- oder Leinenstoff à 60 × 60 cm (für etwa 9–12 Teebeutel)
- unbehandeltes Baumwollgarn, zum Beispiel lebensmittelechtes Küchengarn
- nicht rostende Büroklammern aus Edelstahl
- Papierstreifen als Etiketten für die Teebeutel
- etwa 30 g getrocknete Kräuter, Gewürze, Beeren und Fruchtstücke

Die Herstellung ist so einfach, dass auch Kinder beim Basteln mithelfen können. So werden die Teebeutel gemacht:

1. Aus dem Stoff Kreise mit einem Durchmesser von etwa 15–18 cm ausschneiden. Als Schablone dient eine kleine Schüssel oder etwas Ähnliches.

2. Je einen bis zwei Teelöffel Kräuter und Früchte in die Mitte der Stoffkreise geben.

3. Die Stoffstücke zu kleinen Säckchen zusammenraffen und mit jeweils einem etwa 20 cm langen Stück Schnur und einer Schleife so zubinden, dass ein Fadenende etwa 15 cm übersteht.

4. An das lange Fadenende jeweils eine Büroklammer knoten.

5. Einen kleinen Papierstreifen mit dem Namen der Teekreation beschriften und in die Büroklammer klemmen.

Fertig sind die individuellen, hübschen Teebeutel! In einem dekorativ beschrifteten Schraubglas lassen sie sich besonders gut verschenken.

smarticular.net/teebeutel-ohne-naehen

Dreieckiges Geschenktuch

Lange und schmale Geschenke wie etwa Flaschen, Kerzen oder Stifte lassen sich am besten in eine Verpackung einrollen. Dafür eignet sich ein dreieckiges Geschenktuch mit Band besonders gut. Wie das Geschenktuch genäht wird, erfährst du auf Seite 172 beim Projekt für das Besteck-Etui. Der Unterschied zum Etui besteht lediglich darin, dass eine spitze Ecke nicht eingeschlagen und am Rand festgenäht wird.

Damit auch größere Geschenke in das Dreieckstuch passen, empfiehlt es sich, Stoffstücke mit etwa 48 cm Länge für die kurzen Dreiecksseiten zu verwenden.

Geschenkanhänger

Individuelle Geschenkanhänger lassen sich aus ungemustertem Stoff nähen, der anschließend mit auswaschbaren Stiften beschriftet wird. Wenn der Anhänger anderweitig weiterverschenkt werden soll, wird er einfach in der nächsten Wäsche mitgewaschen und ist dann wieder frei für neue Namen.

Geschenkverpackung für Flaschen

Um eine Flasche Wein, Sekt oder Ähnliches dekorativ zu verpacken, einfach den Ärmel eines ausgedienten Hemdes etwas länger abschneiden, als die Flasche hoch ist, auf links gedreht zu einem Beutel zunähen und wenden. Die Flasche hineinstellen und den Manschettenknopf schließen. Die Manschette wie einen Hemdkragen umschlagen. Breites Geschenkband unter dem Manschettenkragen entlangführen und an der Vorderseite wie eine Krawatte oder Fliege binden.

Tipp: Diese Tüte aus einem Hemdsärmel lässt sich auch bestens als Baguette-Tasche nutzen.

Unterwegs

Etui für Besteck to go

Wer unterwegs auf Einweg-Besteck oder -Essstäbchen verzichten möchte, hat sein eigenes Besteck ganz einfach selbst dabei. Besonders praktisch verstaut ist das Besteck in diesem selbst genähten Etui.

Dafür eignen sich am besten fest gewebte Stoffe – für die Außenseite beispielsweise stabileres Material wie Jeans und für die Innenseite Reste eines alten Hemdes oder einer Bluse.

Material:

- 2 Stoffdreiecke mit 35 cm langen Seiten (nebeneinander liegend ergeben sie ein 35 × 35 cm großes Quadrat)
- Kordel zum Verschließen, 30 cm lang

So wird das Täschchen genäht:

1. Die Stoffdreiecke mit den Außenseiten aufeinanderlegen.

2. Die Kordel doppelt nehmen und so zwischen den Stofflagen platzieren, dass nur eine kleine Schlaufe an der rechtwinkligen Spitze des Dreiecks herausschaut.

3. Die kurzen Seiten des Dreiecks mit Nadeln feststecken und mit 0,5 cm Abstand zum Rand zusammennähen. Dabei an einer spitzen Ecke beginnen und über die Ecke mit der Kordelschlaufe bis zur anderen spitzen Ecke nähen. Um die Kordel gut zu befestigen, an der oberen Spitze zur Sicherheit einmal vor- und zurücknähen.

4. Den Stoff der spitzen Ecken dicht an der Naht kürzen, damit die Ecken des gewendeten Täschchens später möglichst flach werden.

5. Die offenen Stoffkanten der langen Seite jeweils etwa 1 cm nach außen umschlagen und am besten mit dem Bügeleisen fixieren.

6. Die schöne Stoffseite nach außen wenden. Die Spitze lässt sich durch Ziehen an der Kordel ausformen. Damit das Täschchen später glatt und einfacher zu handhaben ist, empfiehlt es sich, die abgesteppten Kanten zu bügeln.

7. Nun eine der seitlichen Ecken entlang der unteren, noch offenen Kante etwa 8–10 cm weit zur Mitte falten. Je knapper die Ecke umgeschlagen wird, desto schmaler, aber auch länger wird das fertige Täschchen.

8. Die untere Kante mit Nadeln feststecken und möglichst nah am Rand festnähen.

Fertig ist das Besteck-Etui. Einfach in die festgenähte Ecke des Täschchens die zu verpackenden Gegenstände einstecken, die gegenüberliegende Ecke darüberschlagen, den Stoff bis zur Spitze aufrollen und mit der Kordel zubinden.

Tipp: Wenn das Täschchen innen und außen aus dem gleichen Stoff bestehen soll, benötigst du nur ein Stoffquadrat von 35 × 35 cm Größe, das diagonal gefaltet wird. Die Wendeöffnung befindet sich dann an einer der beiden kurzen Kanten des Dreiecks.

smarticular.net/besteck-etui

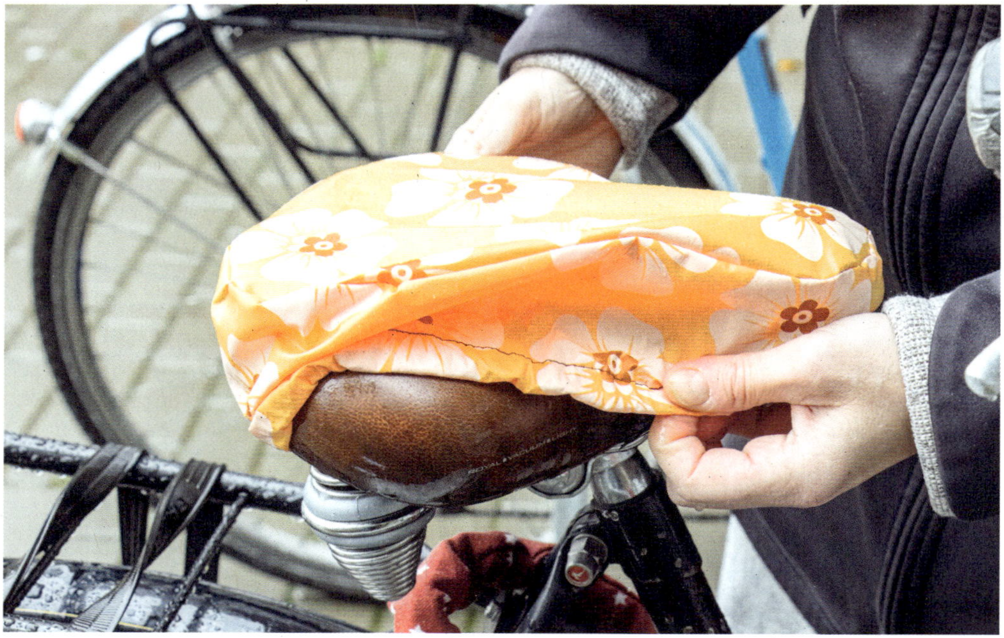

Fahrradsattelbezug

Ein Regenschutz für den Fahrradsattel lässt sich aus wasserdichten Stoffresten einer alten Wachstuchdecke, einer Einkaufstasche aus beschichtetem Gewebe oder einer ausgedienten Regenjacke nähen. Diese Stoffart ist besonders einfach zu nähen, weil sie nicht ausfranst und daher nicht gesäumt werden muss.

Material:

- wasserdichter Stoff à etwa 25 × 30 cm
- Stoffstreifen, etwa 80 × 12 cm lang (2 cm länger als der Umriss des Fahrradsattels)
- Wäschegummi oder anderes Gummiband, etwa 50 cm lang

Je nach Größe des Sattels ist unter Umständen mehr oder weniger Material nötig.

So gelingt der Fahrradsattelbezug:

1. Für ein Schnittmuster am besten den Sattel vom Fahrrad abnehmen, mit der Sitzfläche auf ein Blatt Papier legen und mit einem Stift nachzeichnen. Den Umriss ausschneiden. Für eine symmetrische Form das Schnittmuster in der Mitte falten und die Umrisse einander angleichen.

2. Das Schnittmuster auf das Stoffstück legen, mit Stoffklammern oder Wäscheklammern festklammern (Heftnadeln würden den Stoff durchlöchern) und mit 1 cm Nahtzugabe ausschneiden.

3. Den Umfang des Schnitts möglichst genau mit einem Maßband abmessen. Den Stoffstreifen auf die ermittelte Länge plus 2 cm Nahtzugabe kürzen und mit der Innenseite nach außen zu einem Ring zusammennähen.

4. Den Stoffring mit Klammern rundherum am Rand der Sattelform festklammern, dabei zeigen die Innenseiten des Stoffs nach außen, und die Naht des Randstreifens liegt genau mittig hinten. Nicht davon verunsichern lassen, dass der Stoff Falten schlägt – das ist richtig so! Mit 1 cm Nahtzugabe rundherum zusammennähen.

5. Für den 1,5 cm breiten Tunnel die andere Kante des Randstreifens 2,5 cm breit nach innen umschlagen und mit 1 cm Abstand zur Kante festnähen. Dabei im hinteren Bereich des Bezugs eine etwa 2 cm große Lücke offen lassen, durch die sich das Gummiband einfädeln lässt.

6. Das Gummiband mit einer Sicherheitsnadel durch den Stofftunnel ziehen und den Tunnel dabei etwas raffen. Die Enden verknoten oder vernähen. Dann den Sitzbezug auf die rechte Seite krempeln. Auf Wunsch noch die Lücke im Gummizug-Tunnel von Hand verschließen.

Falls du deinen Fahrradsattel mit dem selbst genähten Sattelbezug dauerhaft aufhübschen möchtest, empfiehlt es sich, das Gummiband durch eine stabile Schnur zu ersetzen und diese zu verknoten, sodass sich der Bezug nicht mehr abnehmen lässt.

smarticular.net/fahrradsattelbezug

Lunchbag

Ein selbst genähter Lunchbeutel ist waschbar und macht Butterbrottüten, Alufolie und Klarsichtfolie als Verpackung für den Pausensnack überflüssig.

Für die Außenseite ist fester Stoff aus Baumwolle wie beispielsweise Jeans geeignet, für die Innenseite abwaschbares, lebensmittelechtes Material wie Wachstuch oder PUL-Stoff.

Material:

- 2 Stücke fester Stoff à 30 × 35 cm
- 2 Stücke abwischbarer Stoff à 30 × 35 cm
- 18 cm Klettband

Für einen kleineren Beutel, zum Beispiel für Schulkinder, werden Stoffstücke im Format 22 × 27 cm und 15 cm Klettband gebraucht.

So wird's gemacht:

1. Außen- und Innenstoff zuschneiden, wie auf dem Bild zu sehen. Die Aussparungen an der unteren Kante platzieren.

2. Klettband auf der Außenseite des Baumwollstoffs mittig befestigen, wie auf den Bildern zu sehen. Dafür das starre Klettband am besten mit Wäscheklammern befestigen. Mit 1–2 mm Abstand zur Kante rundherum festnähen.

1.

2a.

2b.

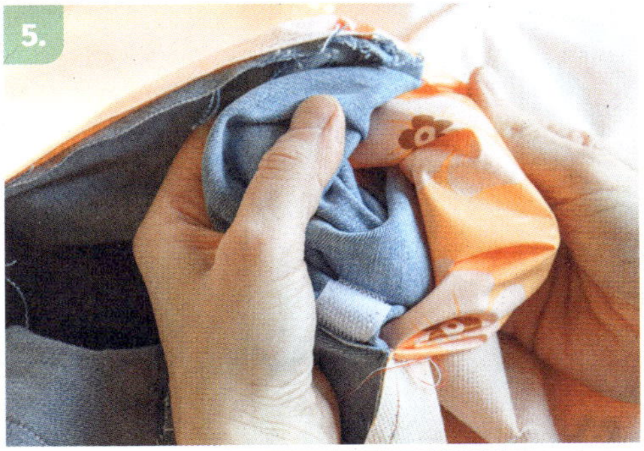

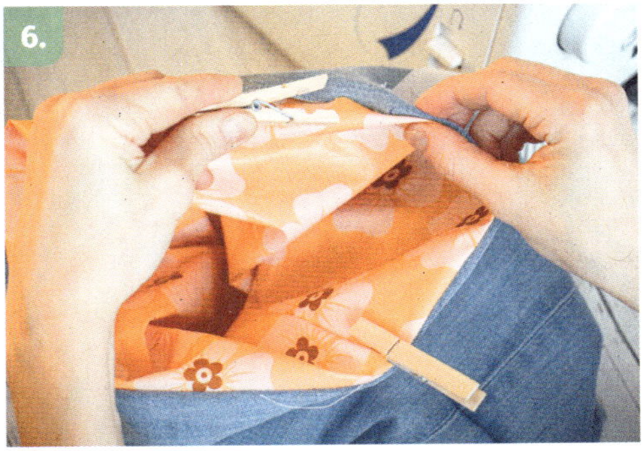

3. Außen- und Innenstoffe jeweils mit den Außenseiten aufeinanderlegen. Das Wachstuch besser mit Wäscheklammern als mit Stecknadeln fixieren, um keine Löcher in die Beschichtung zu stechen. Die Kanten mit etwa 1 cm Abstand zum Rand zusammennähen. Die ausgeschnittenen Ecken aussparen.

4. Mit den Fingern an den offenen Ecken zwischen die Stofflagen fahren und die Stoffe so zusammenlegen, dass sich ein eckiger Beutelboden formt. Mit Klammern befestigen und zunähen.

5. Das Außenteil auf rechts drehen und in den noch auf links gedrehten Innenbeutel stecken. Die Oberkanten beider Teile bis auf eine 10–15 cm große Wendeöffnung mit 1 cm Abstand zum Rand zusammennähen. Dann den Beutel durch die Öffnung wenden.

6. Die Ränder der Wendeöffnung nach innen schlagen, mit Klammern fixieren und den kompletten Beutelrand mit 0,5 cm Abstand zur Kante rundherum festnähen.

Tipp: Wer lieber einen Beutel ohne Innenstoff aus Plastik nähen möchte, kann statt synthetischen Wachstuchs (das gar nicht mit Wachs, sondern mit Kunststoff beschichtet ist) auch echtes Wachstuch (S. 156) verwenden. Damit ist der Beutel zwar nur eingeschränkt waschbar, lässt sich aber gut abwischen. Tipps, wie die Nähmaschine vor Wachsresten geschützt bzw. davon gereinigt werden kann, erfährst du auf Seite 158

smarticular.net/lunchbag

Tipp: Ob das Geschirrtuch die richtige Größe für deine Kuchenform hat, kannst du feststellen, indem du die Kuchenform daraufstellst und das Tuch der Länge nach darüber zusammenschlägst. Wenn sich die Enden treffen oder sogar überlappen, passt die Größe.

Kuchen-Transporttasche

Diese Kuchentasche ist erstaunlich vielseitig verwendbar, denn darin lässt sich nicht nur eine Springform mit Kuchen transportieren. Auch eine Schüssel mit buntem Salat oder Fingerfood fürs Grillfest sowie Teller mit Geburtstagsmuffins und vieles mehr sind darin gut aufgehoben.

Material:

- Geschirrtuch à mindestens 50 × 70 cm, idealerweise 60 × 80 cm

So wird die Kuchentasche genäht:

1. Das Geschirrtuch hochkant ausbreiten. Die langen Enden so falten, dass sich die Kanten in der Mitte treffen.

2. Die Höhe ausmessen. An einer Seite einen Stoffstreifen abschneiden, sodass die Fläche 1,5 cm breiter ist als die Höhe. Bei einem Geschirrtuch von 50 × 70 cm sind das 36,5 cm.

2.

5.

6a.

6b.

3. Das Geschirrtuch auffalten und die Schnittkante mit einem Bügeleisen erst 0,5 cm und dann nochmals 1 cm breit umschlagen, bügeln und mit Nadeln feststecken. Den Saum festnähen.

4. Den abgeschnittenen Stoffstreifen längs teilen, um die Henkel daraus herzustellen. Dabei den Streifen mit dem umgenähten Rand etwa 1 cm schmaler schneiden, da hier ja nicht mehr gesäumt werden muss. Beim Geschirrtuch mit 50 × 70 cm entstehen so Streifen von gut 6–7 cm Breite.

5. Die langen, offenen Kanten der Stoffstreifen jeweils etwa 1 cm breit umbügeln. Die Streifen mittig falten, mit Nadeln feststecken und zusammennähen.

6. Die Henkel jeweils an den kurzen Seiten der Geschirrtuch-Rückseite festnähen. Dafür die Enden jedes Streifens mit etwa 15 cm Abstand voneinander mittig platzieren. Damit nicht zwei gesäumte Ränder mit zu vielen Stofflagen aufeinandergenäht werden müssen, den Henkel etwa 3 cm weit über den Rand ragen lassen. Feststecken und mit einer stabilen Naht befestigen, zum Beispiel mit einem Rechteck und einem Kreuz darin.

7. Das Geschirrtuch mit der Innenseite nach außen wieder so wie in Schritt 1 falten. Die Seiten mit Nadeln feststecken und hinter den gesäumten Rändern mit etwa 1 cm Abstand zu den Kanten zusammennähen. Die Tasche wenden.

smarticular.net/kuchentasche

3.

Stoffbeutel mit Kordelzug

Einen Stoffbeutel, dessen Öffnung sich mit zwei Kordeln zusammenziehen lässt, kann genau auf die eigenen Bedürfnisse zugeschnitten werden. Darüber hinaus lässt er sich mit wenigen weiteren Mitteln in andere Varianten abwandeln, wie in den folgenden Projekten zu sehen.

Für den Beutel sind am besten gewebte Stoffe geeignet – etwa einer alten Jeans, einer dünnen Sommerhose oder eines alten Hemdes.

Der Stoffbeutel aus dieser Anleitung hat eine Größe von 20 × 30 cm.

Material:

- 2 Stoffstücke à 22 × 34 cm
- 2 Kordeln à 50 cm

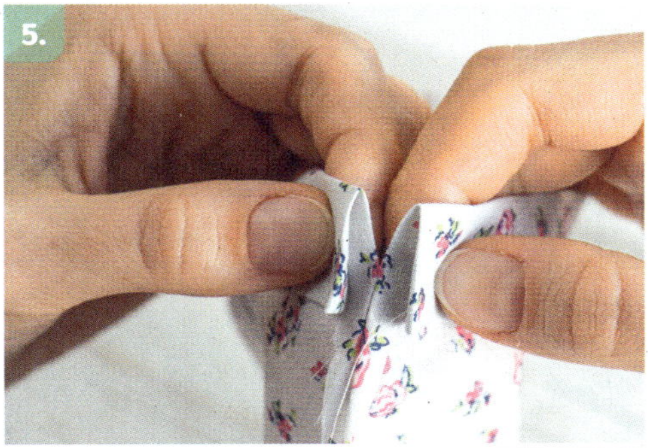

So wird der Beutel genäht:

1. Die Stoffstücke mit den Innenseiten nach außen aufeinanderlegen und mit Nadeln feststecken.

2. Mit einem Stift am linken und rechten Rand eine Markierung 3 cm unterhalb der oberen Kante anbringen.

3. Die Seiten und den Boden des Beutels mit 1 cm Abstand zum Rand mit geradem Stich zusammennähen. Dabei an einer Seite, an der Markierung beginnend, nach unten nähen, um den Boden herum und auf der anderen Seite wieder nach oben bis zur Markierung.

4. Die oberen Kanten der beiden Stofflagen jeweils 1 cm breit nach außen umbügeln. Dann die Seitenkanten vorne und hinten oberhalb der Naht nach außen umbügeln, damit der Tunnel später nicht ausfranst.

5. Den oberen Saum für den Tunnel so weit umschlagen, dass die Stoffkante 0,5 cm über die seitliche Markierung hinausragt, und ebenfalls umbügeln.

6. Den Tunnelzug rundherum knapp entlang der unteren Stoffkante festnähen. Dafür eventuell den vorderen Teil des Nähtisches zum Freiarmnähen entfernen.

7. Den Beutel auf rechts wenden. Das erste Kordelstück mit einer Sicherheitsnadel durch den vorderen und den hinteren Tunnel ziehen und die Kordelenden verknoten. Das zweite Kordelstück, von der anderen Seite beginnend, durch beide Tunnel ziehen und ebenfalls verknoten.

smarticular.net/zugbeutel

Turnbeutel-Rucksack

Aus einem ausreichend großen Kordelzugbeutel (S. 180) lässt sich mit wenigen weiteren Teilen auch ein klassischer Turnbeutel nähen, den man wie einen Rucksack auf dem Rücken tragen kann. Es werden lediglich zwei kleine Stücke Stoff mehr benötigt für die Schlaufen am unteren Ende des Beutels. Außerdem brauchst du längere Kordeln.

Material:

- das Material für den Kordelzug-Beutel (S. 180)
- 2 Stoffstreifen à 7 × 10 cm
- 2 Kordelstücke à 140 cm (statt der kurzen Kordeln)

Diese Schritte sind zusätzlich zur Anleitung für den Zugbeutel notwendig:

1. Die kleinen Stoffstreifen an den langen Kanten jeweils 1 cm breit nach innen umbügeln. Der Länge nach mit der schönen Seite nach außen mittig falten und ebenfalls bügeln.

2. Die Streifen an den offenen Kanten zusammennähen.

3. Jeweils zu einer Schlaufe zusammenfalten und nach Schritt 2 der Anleitung für den Kordelzugbeutel 2 cm oberhalb des unteren Randes zwischen die Stoffe legen und feststecken. Die Schlaufe zeigt dabei nach innen, die Enden ragen etwa 1 cm weit zwischen den Stoffen heraus.

4. Danach geht es weiter mit Schritt 3 des Zugbeutels (Seitennähte schließen), wobei die Schlaufen am Beutel mit festgenäht werden. Es empfiehlt sich, auf Höhe der Schlaufen mehrmals vor- und zurückzunähen, damit sie sicher befestigt sind.

5. Die Kordelenden werden in Schritt 7 vor dem Zuknoten zusätzlich durch die Schlaufen gezogen, sodass sie als Tragegurte dienen.

smarticular.net/turnbeutel

Japanischer Kinchaku-Beutel

Bei dieser japanischen Version eines Zugbeutels (auch *Kinchaku-Beutel* genannt) erhält der Beutel ein Innenfutter. Er wird als Wendebeutel genäht, sodass die Tasche auf beiden Seiten nutzbar ist. Kinchaku-Beutel lassen sich wie jeder Zugbeutel in allen möglichen Größen nähen, um Ordnung in kleinere Utensilien (zum Beispiel Kosmetiksachen) und größere Dinge wie beispielsweise Wäsche zu bringen.

Material:

- das Material für den Kordelzug-Beutel (S. 180)
- zusätzlich 2 Stoffstücke à 22 × 29 cm

Ergänzend zur Anleitung für den Zugbeutel sind folgende zusätzliche Schritte notwendig:

1. Die Stoffe mit der schönen Seite nach innen aufeinanderlegen und mit Nadeln feststecken.

2. Die Seiten und den Boden des zukünftigen Innenbeutels mit 1 cm Abstand zum Rand mit geradem Stich zusammennähen.

3. Den Innenbeutel auf rechts wenden und nach Schritt 5 über den Außenbeutel ziehen. Die obere Kante des Innenbeutels etwa 1 cm weit unter den umgebügelten Tunnel des Außenbeutels schieben und feststecken.

4. Dann mit Schritt 6 der Zugbeutel-Anleitung fortfahren. Dabei wird der Innenbeutel gleichzeitig mit festgenäht.

Kordeln einfädeln und verknoten, und schon ist der praktische Wendebeutel fertig!

smarticular.net/kinchaku

Smartphone-Armband

Beim Lauftraining hat man selten eine bequem sitzende Tasche für das Smartphone zur Verfügung. Abhilfe schafft eine überzählige Socke: Einfach den Fußteil der Socke abschneiden, den entstandenen Schlauch über den Oberarm ziehen und das untere Ende fast zur Hälfte nach oben umschlagen. Im entstandenen Falz ist das Telefon sicher aufbewahrt und stört nicht die Bewegung.

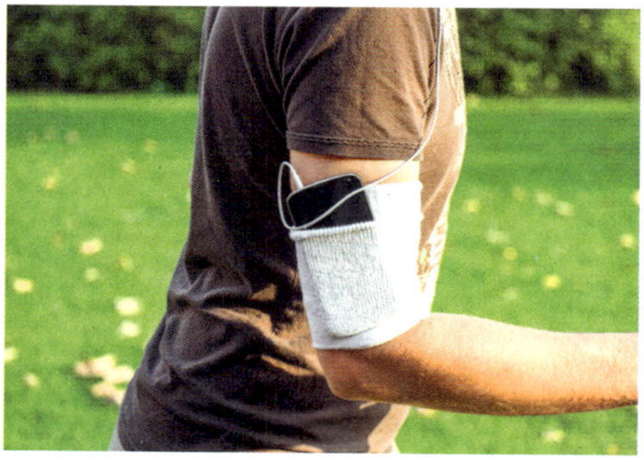

Täschchen aus Manschetten

Mit nur einem einzigen Schnitt und zwei Nähten lässt sich die Manschette eines ausgedienten Hemdes in ein praktisches, zuknöpfbares Etui verwandeln.

So wird das Täschchen genäht:

1. Die Manschette vom Hemdsärmel abschneiden. Dabei möglichst dicht an der Stoffkante der Manschette entlangschneiden, ohne diese zu beschädigen.

2. Den Stoffstreifen mit der Innenseite nach oben auslegen. Das Ende mit den Knöpfen so nach oben klappen, dass es eine kleine, längliche Tasche ergibt. Das Knopflochende wird zur Deckelklappe. Den Falz am unteren Ende des Taschenkörpers glatt bügeln und die Seiten mit Nadeln feststecken.

3. Die Tasche mit je einer Naht links und rechts mit etwa 0,5 cm Abstand zur Kante verschließen. Die Nähte an der Oberkante durch mehrfaches Vor- und Zurücknähen vor dem Aufreißen sichern.

smarticular.net/manschetten-tasche

T-Shirt-Einkaufsbeutel

In nur fünf Minuten und aus wenigen Materialien gelingt dir ein Stoffbeutel ganz nach deinem persönlichen Geschmack. Dafür brauchst du lediglich ein altes T-Shirt.

Material:

- altes T-Shirt oder Sweatshirt, am besten in Größe M oder L

So wird der Beutel gemacht:

1. Das Shirt auf links drehen und längs zur Hälfte falten, sodass die Ärmel genau übereinander liegen.

2. Den Halsausschnitt sowie beide Ärmel entlang der Nähte abschneiden.

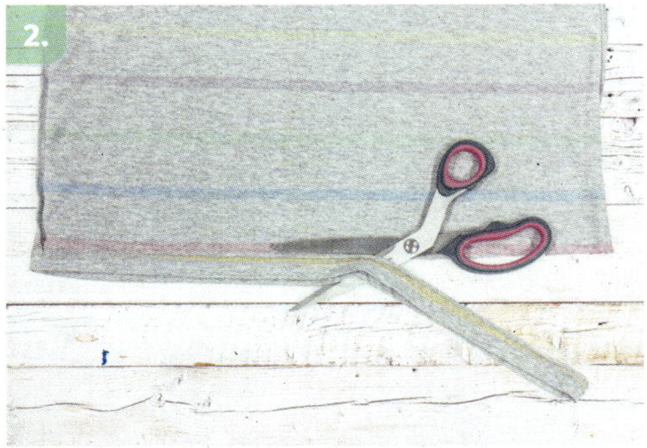

3. Den unteren Saum gerade abschneiden.

4. Mit dem dabei gewonnenen Stoffstreifen die untere T-Shirt-Öffnung fest zusammenknoten.

5. Den Stoff wenden, sodass der Knoten innen liegt.

Tipp: Wenn dir der Knoten am Beutel-Boden als zu fragil erscheint, verwende statt des Stoffstreifens eine stabile Paketschnur zum Verknoten. So wird der Beutel noch etwas größer, sehr stabil und hält auch schwere Einkäufe aus.

smarticular.net/stoffbeutel-shirt

Einkaufsbeutel ohne Nähen

Dieser DIY-Beutel aus einem alten T-Shirt ist ebenfalls ruckzuck ohne Nähen hergestellt. Er eignet sich zum Einkaufen, als Sportbeutel oder als leichte Strandtasche im Urlaub.

Material:

- altes T-Shirt

Und so geht's:

1. Kragen, Ärmel und den unteren Saum abschneiden. Den Halsausschnitt gegebenenfalls vergrößern, damit sich der zukünftige Beutel einfach befüllen und tragen lässt.

2. Den unteren Rand beider Stofflagen in etwa 1,5 cm breite Streifen schneiden, sodass circa 10 cm lange Fransen entstehen (bei Bedarf zuvor anzeichnen).

3. Jeden Stoffstreifen einzeln in die Länge ziehen, sodass er sich einrollt.

4. Die jeweils gegenüberliegenden Streifen von Vorder- und Rückseite mit einem festen Doppelknoten verbinden.

Damit ist der Beutel bereits fertig. Wenn dir die Fransen am Boden nicht gefallen, kannst du das T-Shirt vor dem Zusammenknoten auf links drehen und die Stoffstreifen auf der Innenseite verknoten.

smarticular.net/t-shirt-beutel

Einkaufstasche

Ein wiederverwendbarer Stoffbeutel ist die wohl einfachste Alternative zu umweltschädlichen Plastiktüten. Für einen leichten Beutel lassen sich die unterschiedlichsten Stoffreste upcyceln, zum Beispiel ausgediente Bettwäsche oder der Rücken eines alten Hemdes.

Für eine stabile Tasche, mit der sich auch schwere Einkäufe transportieren lassen, ist etwas dickerer Stoff aus Baumwolle oder Leinen, zum Beispiel von einem alten Vorhang, am besten geeignet. Für einen echten Jutebeutel lässt sich auch Sackleinen aus Jutefaser verwenden.

Der Beutel wird mit kurzen Griffen ausgestattet oder auch mit längeren, mit denen sich die Tasche über der Schulter tragen lässt.

Material:

- 1 Stoffstück à 40 × 90 cm
  (alternativ 2 Stoffstücke à 40 × 46 cm)
- 2 Stoffstreifen à 45 × 8 cm
  (für lange Griffe etwa 70 × 8 cm)

Und so nähst du den Einkaufsbeutel:

1. Das große Stoffstück quer und mit der Außenseite nach innen falten. Alternativ zwei einzelne Stoffstücke aufeinanderlegen. Die offenen Kanten bis auf eine an der schmaleren Seite jeweils mit 1 cm Abstand zum Rand mit geradem Stich zusammennähen. Die Kanten zusätzlich mit einem Zickzackstich versäubern, damit sie nicht ausfransen (S. 18).

2. Für die Henkel die langen Seiten der beiden Stoffstreifen jeweils etwa 1 cm zur Innenseite einschlagen und bügeln. Die Streifen der Länge nach mittig mit der schönen Seite nach außen falten und nochmals bügeln. Dann mit wenigen Millimetern Abstand zur offenen Kante zunähen. Am besten auch an den gegenüberliegenden Kanten entlangnähen, damit sich der Stoff nicht verzieht und sich die Last des befüllten Beutels besser verteilt.

3. Die Oberkante des Beutels erst 1 cm nach außen umschlagen und bügeln, dann nochmals 2 cm nach außen umschlagen und bügeln.

4. Auf den Bügelkanten jeweils 10 cm von der Seitenkante entfernt Markierungen anbringen. Die Enden der Henkel mittig an den Markierungen unter die Bügelkanten schieben und feststecken, wie auf dem Bild zu sehen. Dann den Saum rundherum mit wenigen Millimetern Abstand zur unteren Bügelkante festnähen.

5. Die Henkel nach oben falten, bügeln und feststecken. Dann mit einer weiteren Naht wenige Millimeter unterhalb der Oberkante rundherum abnähen und die Henkel damit gleichzeitig an der Oberkante des Beutels befestigen. Zusätzlich werden die Henkel mit kreuzweise angebrachten Nähten gesichert.

smarticular.net/einkaufstasche

Geknüpftes Einkaufsnetz

Ein platzsparender Netzbeutel, der sich für den spontanen Einkauf immer in der Tasche oder dem Rucksack befindet, lässt sich sehr einfach aus selbst gemachtem Textilgarn (S. 21) herstellen.

Material:

- Textilgarn und Ärmelsäume eines möglichst großen T-Shirts
- eine runde Dose, ein Bügelglas oder ein Stück Papprohr mit einem Durchmesser von etwa 10–15 cm, an dem die Garnfäden zum Knüpfen befestigt werden können

So geht's:

1. Die Säume der T-Shirt-Ärmel so abschneiden, dass zwei Ringe entstehen – sie werden später als Tragegriffe für das Netz verwendet.

2. Den unteren Saum des T-Shirts entfernen. Dann parallel zur Unterkante 20 etwa 2 cm breite Ringe abschneiden. Wenn sich mehr oder weniger Ringe ergeben, ist das auch in Ordnung, solange sich eine gerade Anzahl ergibt.

3. Die Stoffringe dehnen, sodass sich die Ränder einrollen, und dann an einer Seite aufschneiden.

4. Jeweils die Hälfte der Streifen so durch die Griffringe (die Säume der T-Shirt-Ärmel) ziehen, dass sie auf beiden Seiten gleich lang sind.

5. Die beiden Tragegriffe mit den Klammern o. Ä. am oberen Rand des Gefäßes oder der Rolle befestigen. Die Stoffstreifen gleichmäßig auf den Griffen verteilen.

6. In der ersten Reihe zwei der herabhängenden Stoffstreifen in einem Abstand von 2–3 cm vom Griff verknoten. Dafür die beiden Streifen zusammen zu einer Schlinge legen und die beiden Enden durchziehen. Auf diese Weise alle Streifen paarweise verknoten.

7. Die folgenden Knotenreihen jeweils um einen Garnstreifen versetzt knüpfen. Dabei einen immer gleich bleibenden Abstand von 2–3 cm zur vorherigen Knotenreihe einhalten. So entsteht eine zusammenhängende, gleichmäßige Netzstruktur. Weiterknüpfen, bis die Garnenden noch etwa 10 cm lang sind oder der Beutel hoch genug ist.

8. Das Netz vom Gefäß oder der Rolle abnehmen und flach ausbreiten. Die unterste Knotenreihe so anordnen, dass abwechselnd Knoten der oberen und der unteren Lage nebeneinanderliegen. Die unteren Garnenden so, wie auf dem Bild zu sehen, übereinanderlegen und jeweils das rechte Ende des Knotens aus der oberen Lage mit dem linken Ende des Knotens aus der unteren Lage sehr fest verknoten.

9. Die Garnenden auf eine Länge schneiden – nach Wunsch zu längeren Fransen oder mindestens 1 cm langen Enden.

Schon ist der Netzbeutel bereit zum Einkaufen. Durch das Gewicht der Einkäufe dehnt er sich aus, deshalb passen viele Dinge hinein. Wenn das Netz geleert wird, macht es sich wieder ganz klein und nimmt kaum Platz weg.

Tipp: Der Netzbeutel lässt sich auch aus fertig gekauftem T-Shirt-Garn herstellen. Dazu brauchst du etwa 32 m des Garns: 6 Stücke à 33 cm und 20 Stücke à 1,50 m. Aus den kurzen Stücken zwei Griffe flechten und durch einen Knoten zum Ring schließen, dann der Anleitung ab Punkt 4 folgen.

smarticular.net/einkaufsnetz-knuepfen

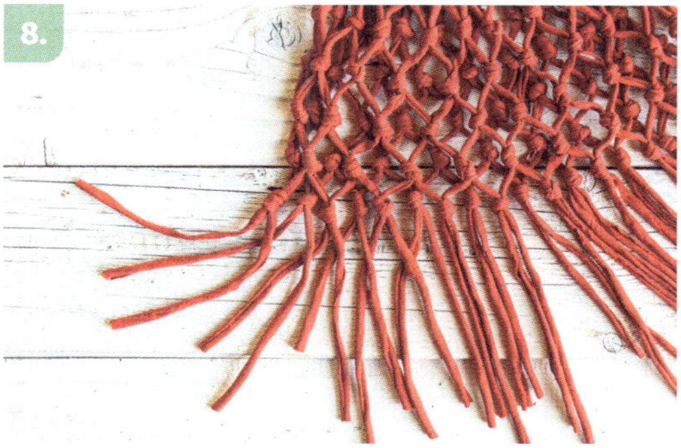

Obst- und Gemüsebeutel

Obst- und Gemüsebeutel für den Einkauf loser Ware wie Tomaten, Pilze oder Nüsse gibt es zwar inzwischen überall zu kaufen. Sie lassen sich aber auch sehr einfach aus Resten einer alten Gardine oder eines kaputten Wäschenetzes nähen.

Idealerweise ist das Gewebe leicht durchsichtig, damit der Inhalt an der Kasse beim Abwiegen schnell erkannt wird. Als Zugband eignen sich dickere Paketschnur, ein Schnürsenkel, ein Stück T-Shirt-Garn (S. 21) oder Ähnliches.

So wird der Beutel hergestellt:

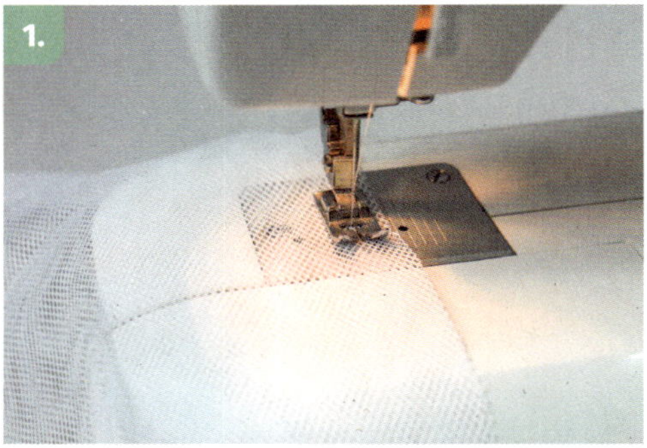

1. Den Stoff doppelt legen zu einer Fläche, die etwas größer ist als ein DIN-A4-Blatt. Die Kanten einer kurzen Seite und der langen Seite mit einem Abstand von 1 cm zum Rand zusammennähen. Bei sehr dehnbaren Stoffen empfiehlt sich ein Zickzackstich, damit die Naht elastisch ist und später nicht reißt. Wenn der Stoff zum Ausfransen neigt, die Kanten zusätzlich mit einem Zickzackstich versäubern (S. 18).

2. Für den Zugband-Tunnel den Rand der Öffnung einmal (bei ausfransendem Stoff zweimal) etwa 2 cm weit umschlagen, mit Stecknadeln fixieren und knapp an der unteren Kante entlang festnähen. Dabei eine Öffnung im Saum lassen.

3. Durch die Öffnung das Zugband einfädeln, die Enden der Kordel verknoten und den Beutel wenden.

smarticular.net/obstbeutel

Material:

- halb durchsichtiger, netzartiger Stoff à 34 × 45 cm
- Schnur, etwa 60 cm lang, als Zugband

Schnittmuster

Haarturban

siehe Seite 70

smarticular.net/haarturban-naehen

Kaffeefiltertüten (im Maßstab 1:1)

siehe Seite 142

smarticular.net/schnittmuster-kaffeefilter

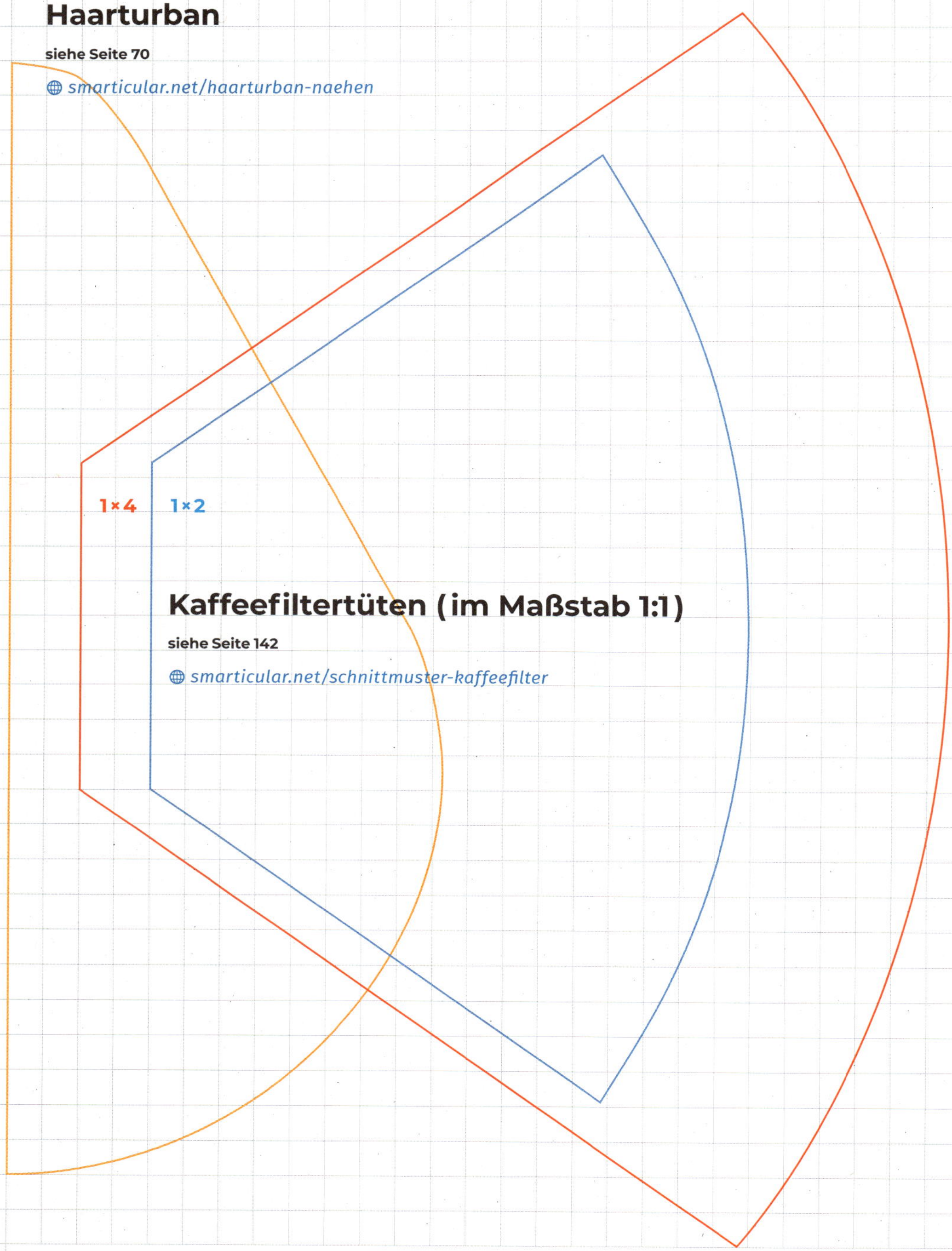

 1 Kästchen = 2 cm Mit vierfacher Vergrößerung kopieren oder per Hand auf Karopapier übertragen.

2D-Kuscheltiere

siehe Seite 112

smarticular.net/2d-kuscheltier

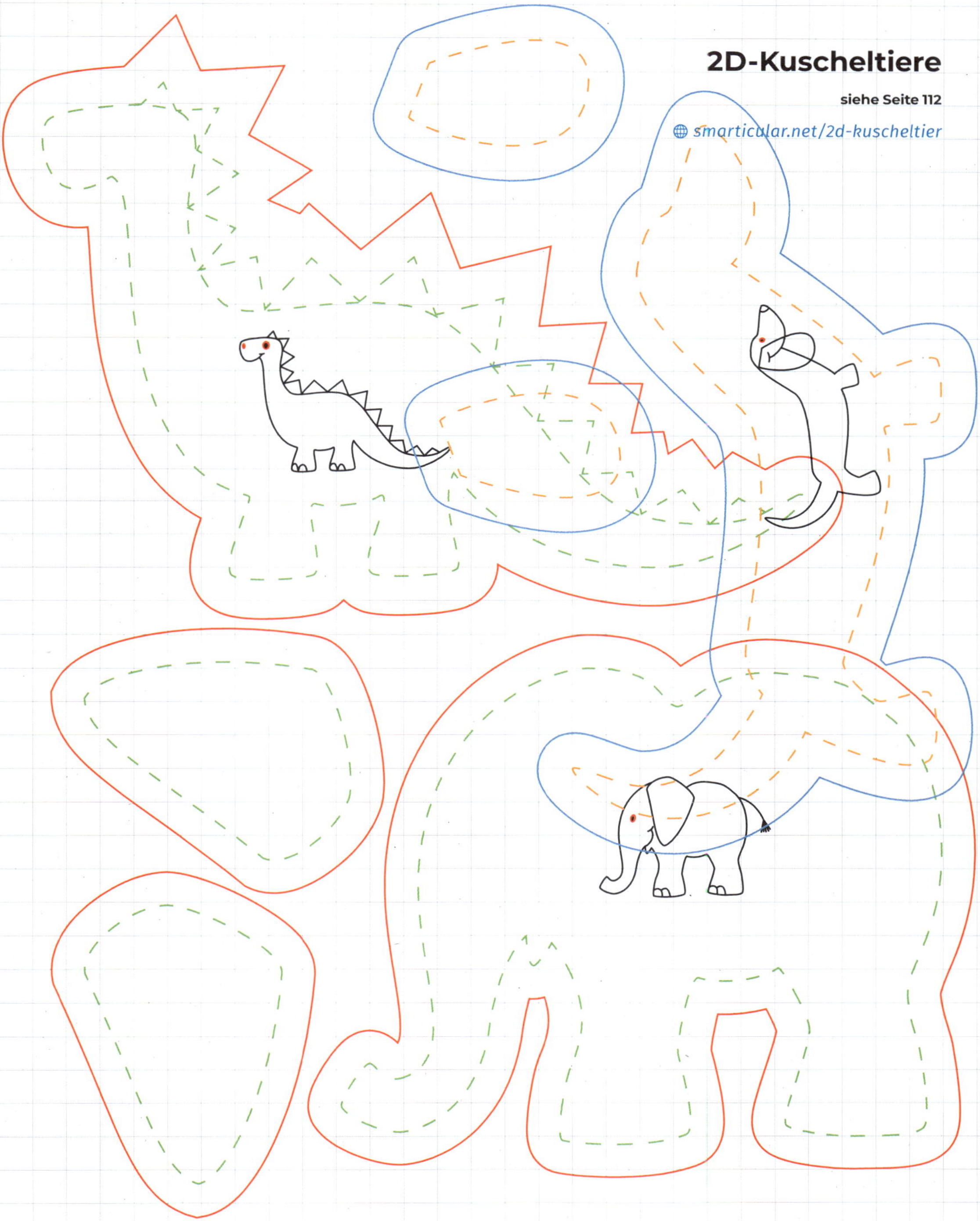

Mit zweifacher Vergrößerung kopieren oder per Hand auf Karopapier übertragen. *1 Kästchen = 1 cm*

Hausschuhe

Achtung:
Bitte ringsum 1 cm Nahtzugabe beim Stoffzuschnitt nicht vergessen!

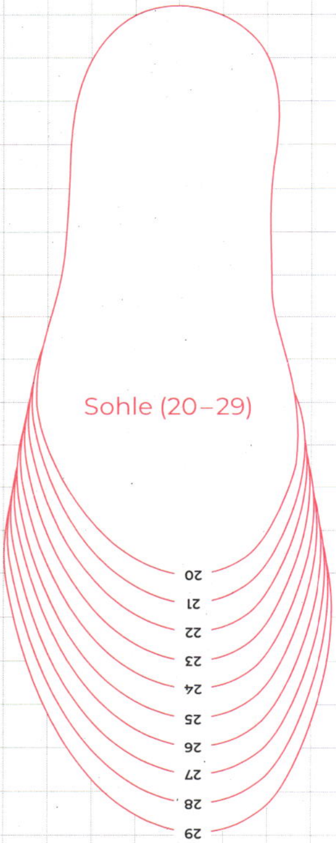

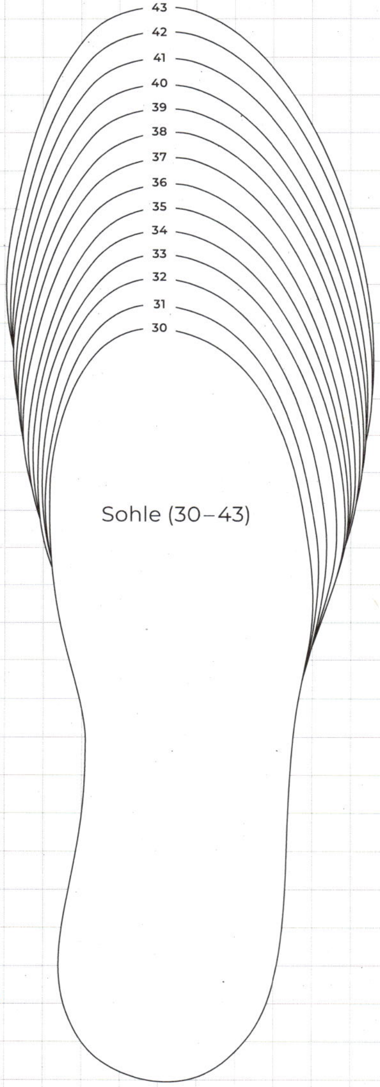

Hinweis: Stelle deinen Fuß auf die Vorlage und überprüfe deine Fußbreite. Markiere dir ggf. Abweichungen mit einem Stift auf der Vorlage und schneide die Vorlage lieber etwas großzügiger aus.

 1 Kästchen = 1 cm Mit zweifacher Vergrößerung kopieren oder per Hand auf Karopapier übertragen.

Hausschuhe

siehe Seite 130

smarticular.net/hausschuhe-naehen

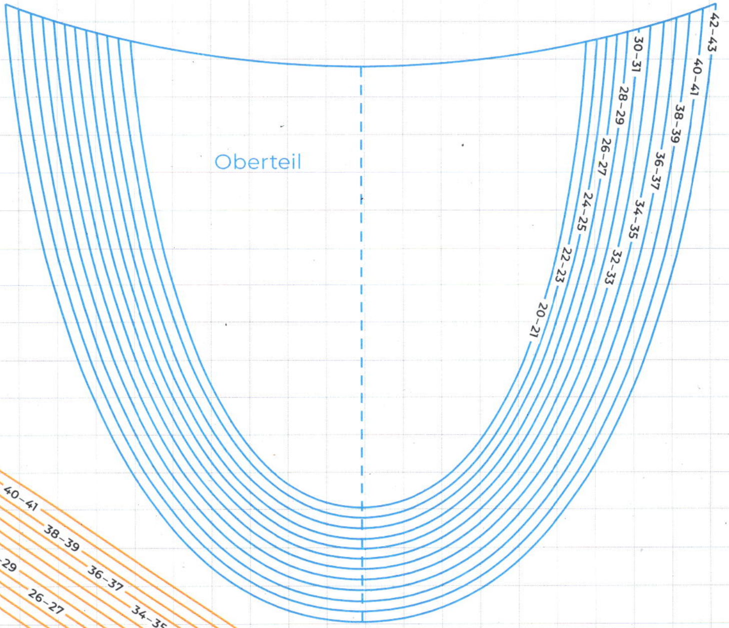

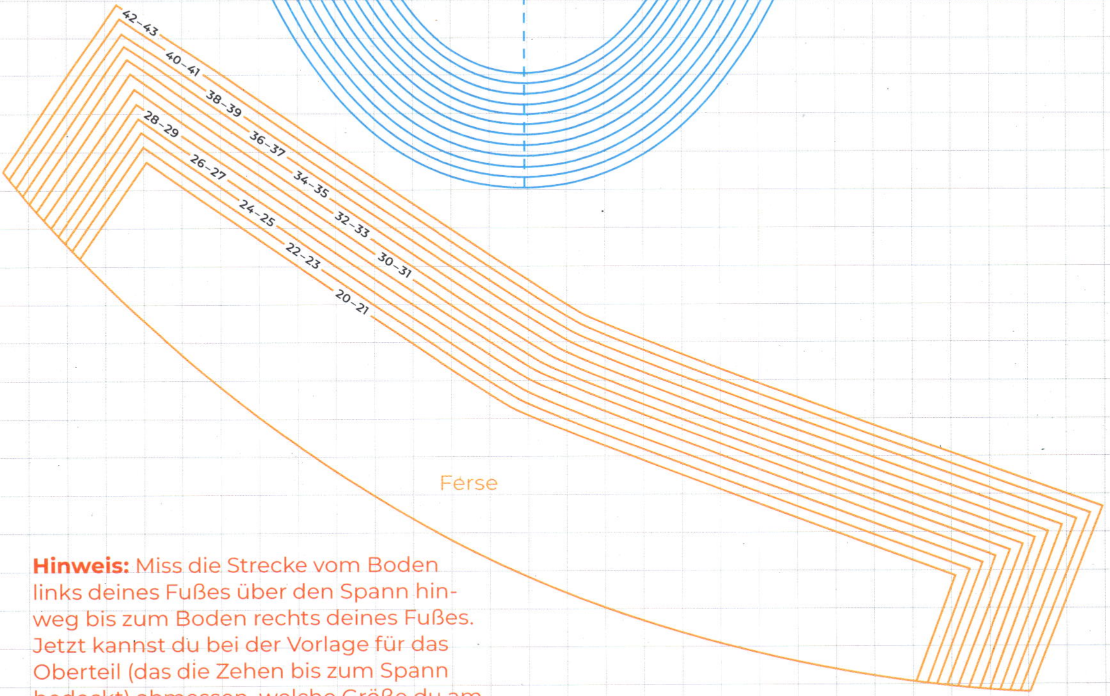

Hinweis: Miss die Strecke vom Boden links deines Fußes über den Spann hinweg bis zum Boden rechts deines Fußes. Jetzt kannst du bei der Vorlage für das Oberteil (das die Zehen bis zum Spann bedeckt) abmessen, welche Größe du am besten ausschneidest.

Mit zweifacher Vergrößerung kopieren oder per Hand auf Karopapier übertragen. *1 Kästchen = 1 cm*

Stoffbinden

siehe Seite 84

smarticular.net/schnittmuster-stoffbinden

——— Außenstoff

- - - - Einlage

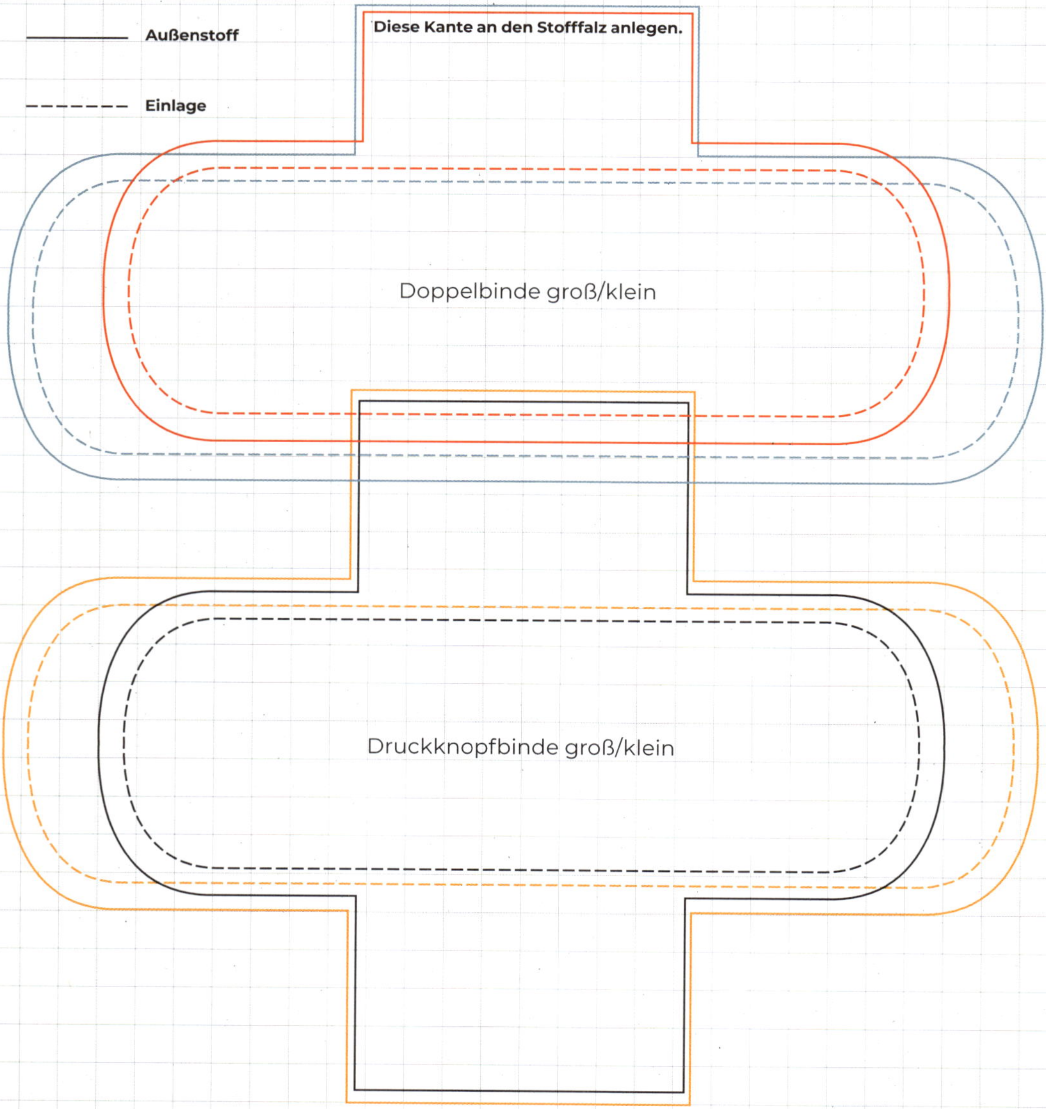

 1 Kästchen = 1 cm Mit zweifacher Vergrößerung kopieren oder per Hand auf Karopapier übertragen.

Weihnachtsbaumschmuck

siehe Seite 58

smarticular.net/christbaumschmuck-naehen

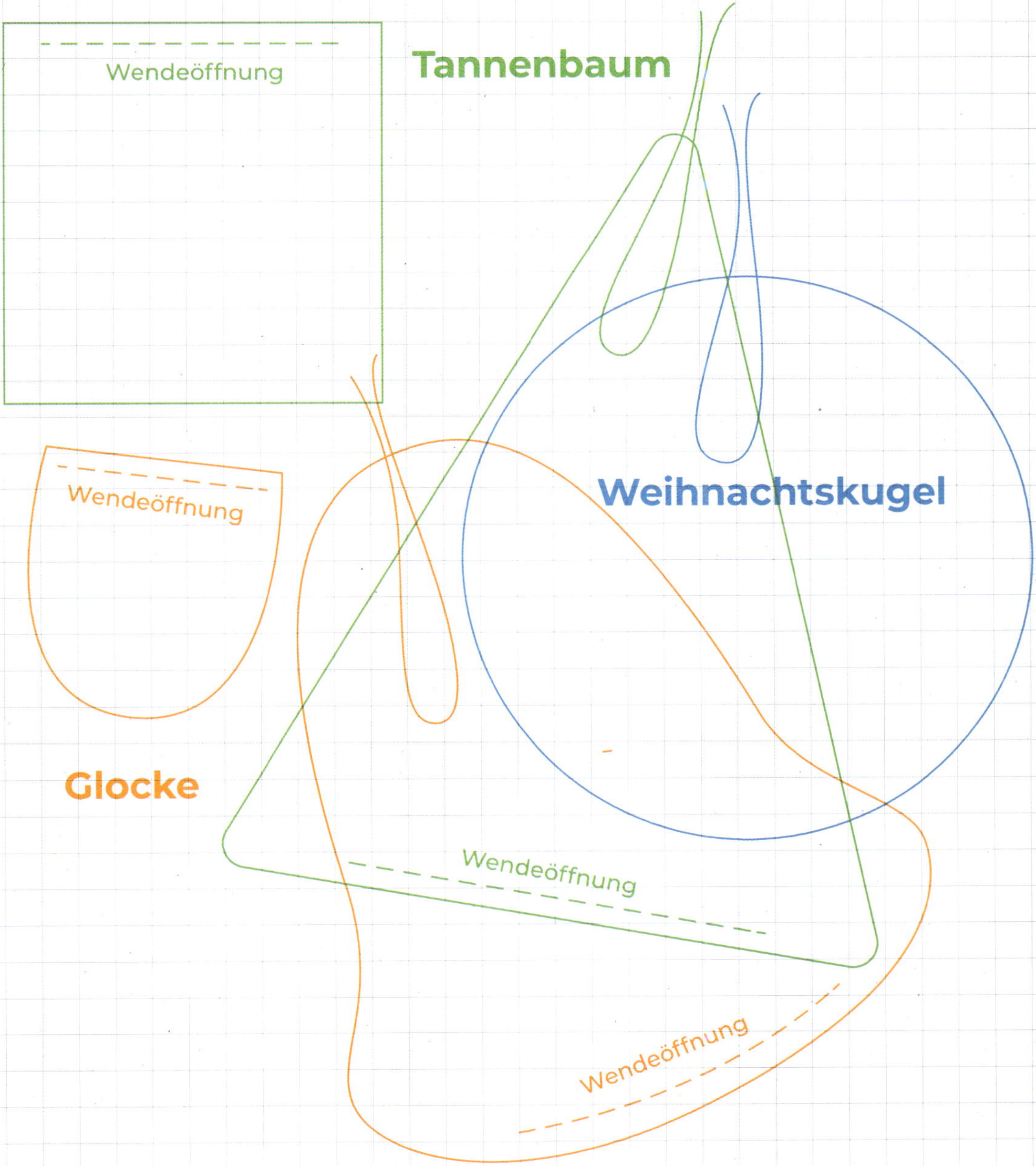

Auf zum Selbermachen!

Wir hoffen, dass dieses Buch dich ein wenig inspiriert und deine Interesse am Upcycling und an der Weiterverwendung abgelegter Kleider/Textilien geweckt oder verstärkt hat. Selbst wenn du nur einige wenige der Ideen und Anleitungen umsetzt, hat das Buch sein Ziel erreicht.

Ganz besonders freuen wir uns über Rückmeldungen unserer Leserinnen und Leser. Wir lernen ständig dazu und erweitern und optimieren regelmäßig unsere Anleitungen. Damit du immer auf dem neuesten Stand bleibst, empfehlen wir dir den Besuch der Seite:

smarticular.net/neuedinge

Dort findest du aktuelle Informationen zum Buch, hast die Möglichkeit, Anmerkungen, Lob oder Kritik zu hinterlassen, Fragen an uns zu richten und wichtige Verbesserungen zu einzelnen Tipps nachzulesen.

Viele Anleitungen in diesem Buch sind mit Verweisen zu Beiträgen auf smarticular.net versehen. Wenn du sie besuchst, kannst du zu jedem Beitrag Bilder und die aktuellsten Informationen erhalten sowie hilfreiche Kommentare anderer Leser verfolgen.

Wenn du möchtest, zeige uns und den anderen Leserinnen und Lesern gern deine Ergebnisse in unserem Leserforum!

smarticular.net/forum

Selbstverständlich freuen wir uns, wenn dich auch andere Themen auf smarticular.net interessieren. Damit du immer auf dem Laufenden bleibst, empfehlen wir dir, unseren Newsletter über die Website zu abonnieren und uns in den sozialen Netzwerken zu folgen.

Weiterführende Ressourcen

Neue Ideen und Tipps zum Nähen und Upcyceln findest du regelmäßig auf unserer Webseite:

smarticular.net/handarbeit
smarticular.net/upcycling

Zu den Pionieren im Bereich nachhaltige Monatshygiene gehören Petra Sood und das Kulmine-Team. Auf ihrer Seite finden sich unter anderem viele Informationen zum Thema Stoffbinden. Das Schnittmuster Hela (siehe S. 86) wurde von ihr entwickelt und 2016 weltweit für nicht kommerzielle Zwecke und Projekte zur Verfügung gestellt, um es Menschen zu ermöglichen, aktiv ihre Menstruationshygiene zu gestalten und ihre Stoffbinden/Stoffslipeinlagen selbst zu nähen.

kulmine.de

Stichwortverzeichnis

0–9

A

B

C

D

E

F

G

H

I

T

U

V

W

Z

Fünf Hausmittel ersetzen eine Drogerie

Einfach mal selber machen! Mehr als 300 Anwendungen und 33 Rezepte, die Geld sparen und die Umwelt schonen

Mit Natron, Soda, Essig, Zitronensäure und Kernseife lassen sich fast alle Drogerieprodukte ersetzen und viele Herausforderungen des Alltags lösen. Über 300 Anwendungen und 33 Rezepte zeigen, wie einfach es geht. Deodorant für die ganze Familie aus nur drei einfachen Zutaten, Bio-Waschmittel zu einem Bruchteil der sonst üblichen Kosten, Allzweckreiniger und Zahncreme – das alles und noch viel mehr kann jeder zu Hause leicht selbst herstellen und nebenbei eine ganze Menge Geld, Verpackungsmaterial und unnötige Chemikalien einsparen.

ISBN: 978-3-946658-00-9
smarticular Verlag, 2. aktualisierte, erweiterte Ausgabe, 2018

Geh raus! Deine Stadt ist essbar

36 gesunde Pflanzen vor deiner Haustür und über 100 Rezepte, die Geld sparen und glücklich machen

Wilde Köstlichkeiten in der Stadt zu ernten klingt vielleicht paradox, ist aber praktisch überall möglich – wenn man nur genau hinsieht! Das Beste: Regionale Wildpflanzen kommen ganz ohne Plastikverpackung und lange Transportwege aus, enthalten weit mehr gesunde Vitalstoffe als Kulturgemüse und sind noch dazu völlig kostenlos. Mispel, Sanddorn, Felsenbirne, Holunder, Giersch, Bärlauch – diese und 30 weitere köstliche Pflanzen, über 100 einfache Rezepte sowie Tipps zum Entdecken, Ernten und Sammeln findest du in diesem Buch. Lass dich inspirieren, geh raus und entdecke die essbare Stadt!

ISBN: 978-3-946658-06-1
smarticular Verlag, 2017

Plastiksparbuch

Mehr als 300 nachhaltige Alternativen und Ideen, mit denen wir der Plastikflut entkommen

Plastikmüll, der sich zu Millionen Tonnen in der Umwelt anreichert, gehört zu den größten Herausforderungen unserer Zeit. Dabei ist gesundheitsschädliches oder kurzlebiges Plastik fast immer leicht vermeidbar! Alle wichtigen Fakten rund um Plastik und die Probleme, die es verursacht, haben wir im Plastiksparbuch zusammengestellt. Dazu gibt es über 300 Rezepte, Anleitungen und Ideen, die zeigen, wie einfach Plastiksparen im Alltag sein kann. Mit 288 Seiten und über 300 Abbildungen ist das Plastiksparbuch das bisher umfangreichste und informativste aller smarticular-Bücher.

ISBN: 978-3-946658-33-7
smarticular Verlag, 2019

Wirf mich nicht weg

Mehr als 333 nachhaltige Rezepte und Ideen gegen Lebensmittelverschwendung

Rund ein Drittel aller produzierten Lebensmittel wird weggeworfen – dadurch werden 50 Prozent mehr Anbauflächen benötigt und 50 Prozent mehr Dünger, Pestizide und Energie verbraucht, als nötig wären! Wir alle können etwas gegen Lebensmittelverschwendung tun – nicht nur zu Hause, sondern entlang der gesamten Wertschöpfungskette. Wie einfach sich das Wegwerfen verhindern und vermeintliche Reste kreativ weiterverarbeiten lassen, zeigt dieses Buch. Von der effizienten Einkaufsplanung über Lagerung, Methoden zum Haltbarmachen und zahlreiche Ideen zur kreativen Resteverwertung haben wir die besten smarticular-Ideen in diesem Buch zusammengefasst.

ISBN: 978-3-946658-43-6
smarticular Verlag, 2020

Das Natron Handbuch

Mehr als 250 Anwendungen für den umweltfreundlichen Alleskönner in Haushalt, Küche, Bad und Garten

Schon unsere Großeltern wussten das universelle Hausmittel Natron zu schätzen, und der ungiftige Alleskönner ist heute aktueller denn je! Es gibt kaum einen Lebensbereich, in dem sich Natron nicht als wirksame Alternative zu den vielen bunten Spezialprodukten einsetzen ließe, die heute lange Regalreihen in den Drogerieabteilungen füllen. Dabei ist Natron in den meisten Fällen nicht nur genauso wirksam wie handelsübliche Putz- und Waschmittel, Pflegeprodukte und Küchenhelfer, sondern auch wesentlich preiswerter und umweltfreundlicher. Entdecke, wie dieser Alleskönner dein Leben vereinfachen und verbessern kann.

ISBN: 978-3-946658-16-0
smarticular Verlag, 2018

Das Essig Handbuch

Über 150 Anwendungen für Gesundheit, Körperpflege und den nachhaltigen Haushalt

Essig ist das wohl am meisten unterschätzte natürliche Hausmittel – jeder hat ihn zu Hause, doch kaum jemand kennt seine zahllosen nützlichen Eigenschaften und Anwendungsmöglichkeiten für Gesundheit, Körperpflege, Ernährung, Haushalt und Garten. Wer sich aber einmal näher damit beschäftigt, wird feststellen, dass Essig, insbesondere naturtrüber Apfelessig, ein echtes Wundermittel ist, das zahlreiche Fertigprodukte überflüssig macht und dank seiner Heilwirkungen in der Hausapotheke nicht fehlen darf. Entdecke, wie Essig dein Leben verbessern kann und wie du das universelle Haus- und Heilmittel zu Hause selbst herstellen kannst.

ISBN: 978-3-946658-40-5
smarticular Verlag, 2020

ISBN: 978-3-946658-03-0
Selber machen statt kaufen – Küche

ISBN: 978-3-946658-09-2
Selber machen statt kaufen – Haut und Haar

ISBN: 978-3-946658-30-6
Selber machen statt kaufen – Garten und Balkon

Vergiss künstliche, ungesunde und umweltbelastende Fertigprodukte, denn viele bessere Alternativen kann jeder leicht zu Hause selber machen. Sie sind gesünder, besser für die Umwelt, fast immer preiswerter als konventionelle Fertigprodukte – und sie machen einfach Spaß!

Unsere besten Anleitungen und Ideen zum Selbermachen haben wir in den Büchern der Reihe *Selber machen statt kaufen* zusammengefasst. Lass dich inspirieren und mach auch dein Leben ein bisschen grüner!